Familien-Reiseführer

HAMBURG

Hamburg

Prögt das Hafenpanorama: der schmucke Bug der Rickmer Rickmers

Hamburg für Eltern und Kinder

Kinderfreundliche Strand- und Freibäder

Zehn Touren, die allen Spaß machen

Die tollsten Attraktionen für Kinder

*Blick auf die Landungsbrücken – im
Miniatur Wunderland*

Gut zu wissen

*Ideal für ein Päuschen am Wasser: der
Anleger in der Binnenalster*

Was Sie wissen sollten

Diese Zeichen und Symbole begleiten Sie durch das ganze Buch und geben Ihnen besondere Informationen:

Die Mini-Karte von Hamburg mit dem dicken roten, grünen oder blauen Punkt zeigt Ihnen auf einen Blick, an welchem Ort sich die jeweilige Adresse befindet.

Infos zur Region oder spezielle Empfehlungen für die Eltern gibt's in den grünen Kästen.

In den orangefarbenen Kästen stehen tolle Tipps oder Geschichten für Kinder.

Regionale kulinarische Genüsse oder ein Restaurant, in dem auch Ihre Kinder auf ihre Kosten kommen, finden Sie in den blauen Kästen.

Unsere Autorin Natalie Domagalski kennt Hamburg von Kindesbeinen an: Aufgewachsen im benachbarten Buxtehude freute sie sich immer auf die regelmäßigen Ausflüge in die nahe Hansestadt. Nach Zwischenstopps in Göttingen und München zog sie endgültig in „die schönste Stadt der Welt", wo auch Co-Autorin und Verlagslektorin Marta Braun lebt. Zusammen prüften sie ihre Wahlheimatstadt auf Kinderfreundlichkeit und verraten, wie ein Hamburg-Aufenthalt für Familien zum Erlebnis wird.

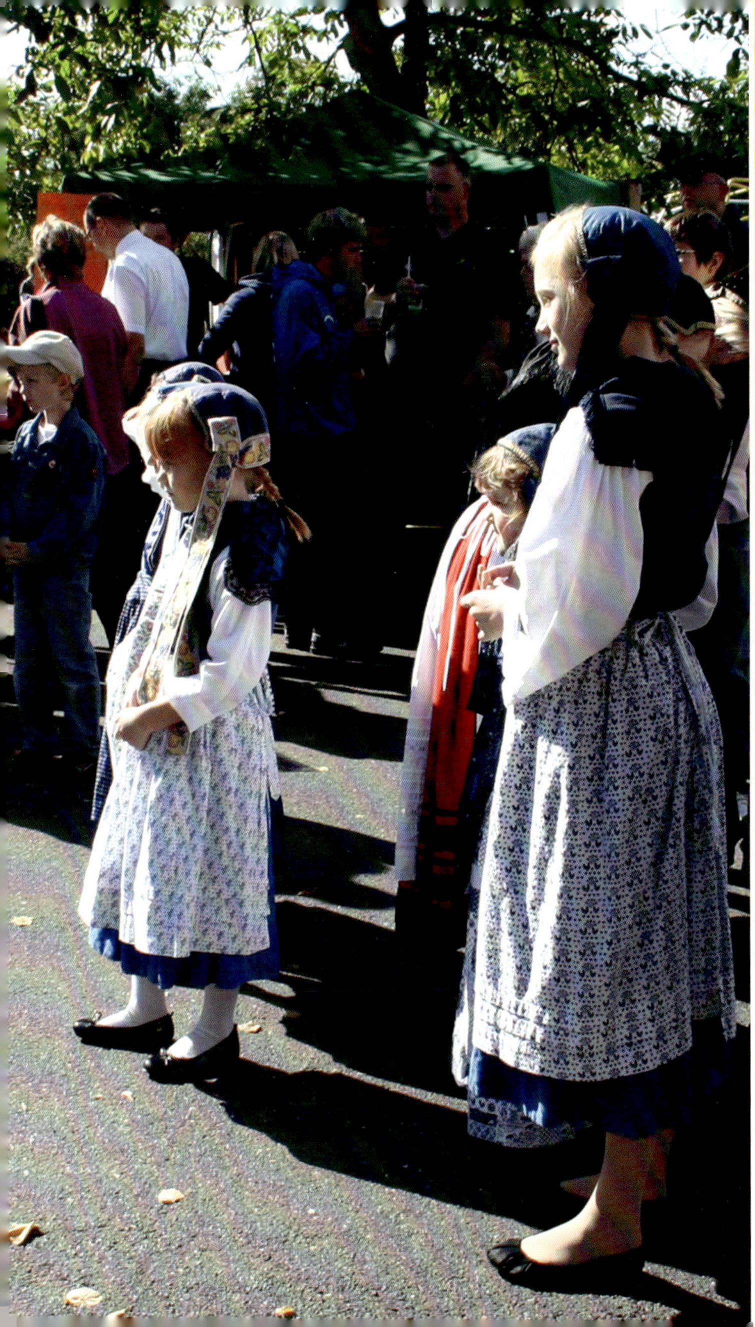

HAMBURG FÜR ELTERN UND KINDER

Hamburg entdecken

Sie überlegen noch, ob Sie einen Städtetrip unternehmen, einen Badeurlaub an der Küste buchen oder doch lieber in der Natur entspannen möchten? Während eines Familienurlaubs in Hamburg können Sie all das verbinden, denn die Hansestadt und ihre Umgebung erfüllt (fast) alle Ihre Urlaubswünsche. Ganz gleich, ob Sie sich in den Trubel der Großstadt stürzen, am Strand der Elbe die Sonne genießen und dabei den Schiffen hinterherblicken oder durch grüne Parks und Wiesen wandern möchten, in und um Hamburg ist alles möglich. Wegen ihrer Nähe zur Ost- sowie zur Nordsee eignet sich die Stadt auch bestens als Ausgangspunkt oder Zwischenstopp bei Ausflügen ans Meer. Schnell werden Sie jedoch feststellen, dass Hamburg an sich mehr als genug in petto hat, um Sie auch einen ganzen Urlaub lang in ihren Bann zu ziehen. Die Hansestadt bezeichnet sich zu Recht als familienfreundliche Stadt – dabei spielen nicht nur finanzielle Aspekte eine Rolle. Grünanlagen werden regelmäßig verschönt, Spielplätze instand gesetzt und neue gebaut. Immer mehr Geschäfte in der Innenstadt sind mit Still- und Wickelräumen ausgestattet, und viele Restaurants und Cafés kommen Eltern mit kinderfreundlicher Einrichtung und Speisekarte entgegen.

Hochhäuser sind hier selten – fünf Kirchen prägen die Skyline Hamburgs

Im Zentrum des Geschehens

In der Metropolregion Hamburg leben 4,3 Millionen Menschen, davon 1,8 Millionen innerhalb der Stadtgrenzen. Ca. 300.000 pendeln täglich in die Stadt an ihre Arbeitsstätten. Nicht zuletzt der drittgrößte Hafen Europas und ein internationaler Flughafen verleihen Hamburg den Status einer Wirtschaftsmetropole und Zuwanderungsregion – kaum eine Stadt im Norden ist so international. Bereits 1570 eröffnete Österreich hier die erste offizielle Vertretung, heute sind es knapp 100 Konsulate und Botschaften (nach Hongkong und New York die meisten). Nicht umsonst wird die Hansestadt auch „das Tor zur Welt" genannt. Hamburg ist drüber hinaus ein bedeutender Medienstandort. Einige der größten Verlagshäuser haben hier ihren Sitz, zum Beispiel Gruner+Jahr (siehe S. 46), Axel Springer, Spiegel-Verlag, Hoffmann und Campe – um nur einige zu nennen. Der weltweit bedeutende Musikverlag Warner Music Group sowie der Hörfunk- und Fernsehsender NDR vervollständigen die Medienlandschaft. Unzählige Messen finden zudem in der Hansestadt statt, die Themen von Kultur und Reise über Familie, Haus und Garten bis hin zum Sport abdecken.

Kunst und Kultur satt

Hamburg ist eine wahre Kulturhochburg. Über 20 Theater, fast 30 Kinos, zahlreiche Musikclubs und mehr als 50 Museen sorgen für ein abwechslungsreiches Kulturprogramm für jeden Geschmack und jedes Alter. In vielen großen Museen haben Kinder freien Eintritt. Die jüngsten Stadtbewohner und -besucher haben sogar einige

Wussten Sie schon …

… dass der **Hamburger Hafen** der größte Hafen Deutschlands, nach Rotterdam und Antwerpen der drittgrößte Europas und weltweit der elftgrößte ist?

… dass in der Großen Freiheit, einer Seitenstraße der Reeperbahn, die Karriere einer der größten Bands der Musikgeschichte begann? Von August 1960 an spielten **die Beatles** jeden Tag zunächst im Indra-Club, dann im Kaiserkeller und schließlich im Top Ten Club (existiert heute nicht mehr), bis ihnen 1962 der Durchbruch gelang.

… dass sich im 19. Jahrhundert im Hamburger Hafen eine neue Sprache – die **Kedelklopperprook** entwickelte? Schuld daran waren die Kesselklopfer, die den Stein im Inneren der Dampfkessel abschlugen. Zur besseren Verständigung in der lauten Umgebung modifizierten sie das Plattdeutsch. Andere Hafenarbeiter und Hamburger – insbesondere Kinder – benutzten die Kedelklopperprook gern als Geheimsprache.

Theater ganz für sich wie das **Theater für Kinder** [Max-Brauer-Allee 76, 22765 Hamburg, Tel. 040-38 25 38, www.theater-fuer-kinder.de] oder **das Hamburger Puppentheater** [Kulturzentrum Flachsland, Bramfelder Str. 9, 22305 Hamburg, Tel. 040-23 93 45 44, www.

hamburgerpuppentheater.de]. Außerdem ist Hamburg nach New York und London der größte Musicalstandort der Welt (aktuell werden zum Beispiel „König der Löwen", „Cats", „Tarzan" und „Sister Act" aufgeführt). Informationen über Familienprogramme, Kinderführungen, -aktionen sowie Ermäßigungen finden Sie auf der Seite www.museumsdienst. hamburg.de.

Prominenter Besuch 2011 im Hamburger Hafen

Queen Mary 2 (151.400 BRZ, 345 m Länge, 2.620 Passagiere) 8. Mai 7-18 Uhr, 26. Mai 10.30-22 Uhr, 1. Juni 6.30-18 Uhr, 5. Aug 7.30-18.30 Uhr, 13. Aug 6.30-18 Uhr

Queen Elizabeth (92.000 BRZ, 294 m Länge, 2.068 Passagiere) 3. Juli 6.30-17 Uhr, 13. Juli 6.30-18 Uhr

AIDAluna (68.500 BRZ, 252 m Länge, 2.050 Passagiere) 10. Mai 8-20 Uhr, 6.30-20 Uhr, 15. Mai 6.30-20 Uhr, 22. Mai 6.30-20 Uhr, 29. Mai 6.30-20 Uhr, 5. Juni 6.30-21 Uhr, 19. Juni 6.30-21 Uhr, 3. Juli 6.30-21 Uhr, 17. Juli 6.30-21 Uhr, 31. Juli 6.30-21 Uhr, 14. Aug 6.30-20 Uhr, 24. Aug 6.30-20 Uhr, 3. Sep 6.30-21 Uhr

Mein Schiff 2 (77.700 BRZ, 264 m Länge, 1.948 Passagiere) 5. Mai 7-20 Uhr, 6. Mai 7-20 Uhr, 8. Mai 6.30 -9. Mai 16 Uhr, 10. Mai 12 -12. Mai 18 Uhr, 13. Mai 7 -14. Mai 17.30 Uhr, 15. Mai 6.30-19 Uhr, 10. Sep 6.30-19 Uhr, 22. Sep 6.30-19 Uhr.

Weitere Informationen und Schiffsankünfte finden Sie auf www.hamburgcruisecenter.eu.

Am Wasser gebaut

Wasser bestimmt seit eh und je das Bild Hamburgs. Die Elbe, die Alster und die zahllosen Fleete, Kanäle, Flüsschen und Bäche beeinflussten die Entwicklung der Stadt und prägen bis heute ihren Charakter. Ebbe und Flut diktieren den Arbeits- und Lebensrhythmus im und am Hafen. Auf dem gut bewässerten Marschland um Hamburg entwickelten sich Landwirtschaft und Gartenbau zu einem sehr wichtigen Wirtschaftszweig, dank dessen die Hamburger stets mit frischem Obst und Gemüse der Region versorgt werden. Nicht zu vergessen auch der fangfrische Fisch, der auf den Wochenmärkten und in den großen Fischauktionshallen im Hafen angeboten wird (siehe S. 34, 35).

Die Hamburger verbringen viel Freizeit am Wasser: sonnen sich und faulenzen am Elbstrand, segeln und schippern auf der Außenalster oder verbringen ihre Mittagspause an der Binnenalster. Und was gibt es Schöneres, als mit der ganzen Familie ein Boot zu mieten, mit dem man durch die Kanäle zum Stadtpark paddelt?

Der Hafen bleibt aber die unumstrittene Nummer eins, die sowohl Touristen wie Einheimische anzieht – achten Sie mal darauf, ob nicht auch ein ganz prominenter Besucher zeitgleich mit Ihnen den Hafen besucht (siehe Kasten links), wäre schade, wenn Sie ihn verpassen!

Im Museumshafen in Övelgönne liegt das 1888 gebaute Feuerschiff „Elbe 3"

Kontrastreiches Stadtbild

Futuristische Glaspaläste in der Hafen-City, Jugendstilvillen in Eppendorf, Barockkirchen und Renaissanceschlösser in der Innenstadt, reetgedeckte Fischerhütten in den Vororten und Rotklinkeraltbau in den Wohnvierteln – architektonisch zeigt sich Hamburg sehr facettenreich. Namhafte Architekten haben sich im Stadtbild Hamburgs verewigt: Sir Norman Foster (Multimedia Center in der Rothenbaumchaussee), O. M. Ungers (Galerie der Gegenwart am Hauptbahnhof) oder David Chipperfield (Empire Riverside Hotel in der Bernhard-Nocht-Straße). Die jüngsten Bauten stammen aus der Feder von Hadi Teherani und der BRT Architekten (Berliner Bogen am Berliner Tor, Europa-Passage, Dockland-Bürogebäude). Beispiele der modernsten Architektur und ihr Entstehen können Sie hautnah erleben – in der HafenCity, auf der größten und spektakulärsten innerstädtischen Baustelle Europas (siehe auch S. 39).

Hamburg denkt grün

Die Metropole Hamburg legt schon seit vielen Jahren großen Wert auf Umweltschutz. Für die beispielhafte innovative Umweltpolitik, vom Klimaschutz über die Luftreinhaltung bis zum Gewässer- und Naturschutz, wurde der Hansestadt von der Europäischen Kommission der Titel der Umwelthauptstadt Europas 2011 verliehen. Entscheidend waren unter anderem Faktoren wie die hervorragende Luftqualität, ein dichtes Netz an öffentlichen Verkehrsmitteln im gesamten Stadtgebiet (fast alle Hamburger haben im Radius von 300 Metern eine Bus- oder S- bzw.

U-Bahnhaltestelle) und eine nachhaltige Stadtentwicklung.

Es gibt in Hamburg außerdem kaum Stadtteile, die nicht mindestens einen grünen Park hätten. 16,7 Prozent des Stadtgebiets bestehen aus Wald, Grünflächen und Ruhezonen – viele von den auch in direkter Wassernähe (siehe auch S. 118).

Hamburger Schnack

Obwohl immer weniger Hamburger „Jungs" und „Deerns" richtiges „Platt schnacken", wird Ihnen während Ihres Aufenthalts in der Hansestadt sicher das eine oder andere Wort zu Ohren kommen, das Ihnen nicht geläufig ist. Oder wissen Sie, was „klönen" heißt und was was ein „Leuwagen" ist? Die Lösung: Klönen bedeutet plaudern, und ein Leuwagen ist ein Schrubber.

Zu Zeiten der Hanse wurde hier Niederdeutsch gesprochen, aus dem sich einige Varianten des Hamburger Platts entwickelten: das Geest-Platt nördlich der Elbe und das Marsch-Platt hingegen in den südlichen Überschwemmungsgebieten sowie im Hamburger Hafen und auf St. Pauli. Platt ist als eigenständige Sprache anerkannt und wird heute noch von vielen Sprachgesellschaften gepflegt – das **Ohnsorg-Theater** zum Beispiel [Große Bleichen 23-25, 20354 Hamburg, Tel. 040-350 80 30, www.ohnsorg.de] spielt nur plattdeutsche Stücke.

Wenn Sie mehr Platt verstehen möchten, bringt ein **Hamburg-Lexikon** Licht ins Dunkel und liefert so manch lustige Anekdote, die Ihren „Lütten" sicher gefallen wird (Kleines Lexikon Hamburger Begriffe: Von Aalweber bis Zitronenjette, ISBN 978-3-83190-190-6, € 9,95)!

Schiffs-ABC für Landratten

Ahoi: Seemannsgruß

Backbord: linke Seite des Schiffs (in Fahrtrichtung)

Brücke: Kommandozentrale, Arbeitsplatz des Kapitäns

Bug: vorderer Teil des Schiffs

Bullauge: rundes Fenster in einer Schiffskabine

Deck: Etage oder Stockwerk eines Schiffs

Heck: hinterer Teil des Schiffs

Heuer: Bezahlung der Seeleute

Kajüte: andere Bezeichnung für Kabine

Kimm: Linie am Horizont zwischen Wasser und Himmel

Knoten: Maßeinheit für die Geschwindigkeit eines Schiffs (1 Knoten = 1 Seemeile/Std. = 1,852 km/Std.)

Koje: enges Bett in der Schlafkammer

Kombüse: Schiffsküche

Logbuch: Schiffstagebuch, in das alle wichtigen Ereignisse eingetragen werden

Luke: Öffnung in der Schiffswand, Tür

Reling: Geländer, das um das Schiffsdeck führt und vor dem Überbordgehen schützt

Smut/Smutje: Küchenchef einer Kombüse

Steuerbord: rechte Seite des Schiffs (in Fahrtrichtung)

Törnen: Drehen des Schiffs

Was Eltern wissen sollten

Klima und Reisezeit

Das berühmt-berüchtigte Hamburger Schietwetter ist harmloser, als die meisten zu wissen glauben. Es stimmt schon, das Wetter kann hier relativ oft und schnell umschlagen. Statistiken besagen, dass es in Hamburg an durchschnittlich 133 Tagen im Jahr regnet (das soll weniger häufig sein als in München) und dass die Stadt an 53 Tagen im Nebel versinkt. Aber es ist noch lange kein Grund, die vier Wände nicht zu verlassen. Sie sind auf jeden Fall gut beraten, wenn Sie immer einen Knirps oder Regenmantel in der Tasche haben – für alle Fälle. Wenn Sie allerdings in der Zeit von Mai bis August in der Hansestadt verweilen, haben Sie gute Chancen auf mehrere Tage durchgehend wolkenlosen Himmel. Temperaturen um die 30 °C sind hier im Sommer auch keine Seltenheit – denken Sie an die Sonnencreme und eine Kopfbedeckung.

Das maritime Klima sorgt für eine relativ hohe Luftfeuchtigkeit das ganze Jahr über, manchmal ist die Luft schwülwarm trotz Wind und grauen Himmels. Am praktischsten ist in Hamburg der Zwiebellook – so können Sie sich schnell und unkompliziert dem Wetter anpassen. Im Winter kann es schon mal sehr stürmisch werden. Auch Sturmfluten kommen in dieser Zeit häufiger vor (der Fischmarkt steht dann meist unter Wasser). Die meisten Hamburger sagen: „Es gibt kein schlechtes Wetter, nur schlechte Kleidung." Sie sitzen selbst im Dezember in Wolldecken gehüllt vor Cafés und schlürfen ihren Latte macchiato.

Das Baden in Hamburger Gewässern ist ein unbedenkliches Vergnügen

Wasserqualität

Das Trinkwasser ist in Hamburg eines der bestkontrollierten Lebensmittel. Es wird ausschließlich aus Grundwasser gewonnen, das bereits in seinem Ausgangszustand frei von Schadstoffen ist. Hamburg Wasser garantiert, dass das Trinkwasser für die Ernährung von Kleinkindern und Säuglingen geeignet ist. Letztendlich entscheidet aber der Zustand der Wasserleitungen im jeweiligen Haus oder Hotel, was Sie in Wirklichkeit in Ihrem Glas haben. Wenn Sie sichergehen wollen, lassen Sie in Ihrem Hotelzimmer oder Ihrer Ferienwohnung am Anfang einige Liter ablaufen (das sogenannte Stagnationswasser) – gleichmäßig kalte Temperatur ist ein Hinweis auf ein frisches, sauberes Wasser.

Auch die Hafenfähren zählen zu den öffentlichen Verkehrsmitteln im HVV

Das Hamburger Badewasser unterliegt ebenfalls regelmäßiger Kontrolle. Die Bezirksämter entnehmen von Mitte Mai bis Mitte September regelmäßig Wasserproben aus den Gewässern, die dann im Institut für Hygiene und Umwelt analysiert werden. Ist die Gesundheit der Badenden gefährdet, wird ein Badeverbot ausgesprochen, das am Gewässer durch entsprechende Schilder kenntlich gemacht wird (aktuelle Kontrollergebnisse und Informationen über Badeverbote finden Sie unter www.hamburg.de/badegewaesser). Gerade bei lang anhaltender Hitze können sich Blaualgen vermehren, die für Mensch und Tier gefährlich werden können. In so einem Fall sollten Sie selbst bei einem Spaziergang in der Nähe eines Sees den Wasserkontakt meiden.

Hamburg auch ohne Auto

Innerhalb der Stadtgrenzen ist ein Auto so gut wie überflüssig. Das Netz des Nahverkehrs ist so gut ausgebaut, dass Sie fast jedes Ziel per Bus oder Bahn erreichen können. Gerade in der Innenstadt kann die Parkplatzsuche nervenaufreibend sein (Parkhäuser sind sehr teuer), und der Verkehr auf den Straßen fließt zu Stoßzeiten nur sehr zäh. Wenn Sie nicht gerade in das Hamburger Umland hinausfahren, lassen Sie Ihr Auto am besten auf dem Hotelparkplatz stehen und steigen in die Bahn. Viele Strecken verlaufen oberhalb der Straßen und sind so interessant wie eine Stadtrundfahrt, besonders die Linie U 3. Um den Westen der Hansestadt zu entdecken, bietet sich eine Fahrt mit dem (zuschlagpflichtigen) Schnellbus 36 an, der vom Hauptbahnhof vorbei an Rathaus, Alster, Reeperbahn, Altonaer Rathaus über die Elbchaussee nach Blankenese fährt (siehe S. 62). Preisgünstig auf der Elbe schippern können Sie mit einer der HADAG-Fähren, die ebenfalls mit einem HVV-Ticket (siehe

S. 105) benutzt werden dürfen. Achtung: Nicht jede U- und S-Bahnstation ist mit einem Fahrstuhl bzw. einer Rolltreppe ausgestattet. Doch sollten Sie mit Ihrem Kinderwagen auf eine Treppe stoßen, ist ein hilfsbereiter Hamburger sicher in der Nähe.

Ihre Sicherheit

Hamburg ist keine gefährliche Stadt. Aber wie in jeder Großstadt, besonders an gut besuchten Orten wie Einkaufspassagen, auf der Mönckebergstraße oder im Hafen, sind Taschendiebe auf der Lauer, die auf leichte Beute warten.

Kostenlose Entdeckerkarte

Die Behörde für Stadtentwicklung und Umwelt bietet speziell für Familien eine kostenlose Karte an, auf der lohnenswerte Ziele in der Hamburger Freizeitlandschaft übersichtlich zusammengefasst sind: von Spielplätzen und Badeseen über Wildgehege, Kletterparcours oder Ponyreiten bis hin zu Modellbootteichen. Selbstverständlich mit Anschrift sowie Bahn- und Busverbindungen. Abholen können Sie die Karte im Infozentrum Stadtmodell Hamburg, wo Sie nebenbei auch die Hamburger Innenstadt auf einer Fläche von 111 qm im Maßstab 1:500 unter die Lupe nehmen können. **Stadtmodell der Behörde für Stadtentwicklung und Umwelt**, *Wexstr. 7, 20355 Hamburg, Tel. 040-428 40-21 94. Di-Fr 10-17, Sa, So 13-17 Uhr.*

Buchtipps

Zur Einstimmung auf den Urlaub in Hamburg und als Begleiter auf den Stadterkundungstouren eignet sich sehr gut das Lese-Erlebnis-Mitmachbuch **Hamburg entdecken & erleben** *von Claudia Stodte und Peter Fischer (ISBN 978-3-86108-884-4, € 14,90). Voller Ideen, Rätsel, spannender Geschichten und lustiger Anekdoten entführt das Buch Leser (ca. 10-99 J.) in die mittelalterliche Geschichte, die Welt der Hanse und das Hamburg von heute. Etwas jüngeren Lesern (5-7 J.) seien die liebevoll von Marlis Kahlsdorf illustrierten Abenteuer der Möwe Emma und des Raben Max empfohlen.* **Kommst du mit – ich zeig dir Hamburg** *(ISBN 978-3-80421-128-5, € 8,80).*

Wertgegenstände sollten deshalb grundsätzlich im Hotel bleiben, und wenn Sie Ihr Auto irgendwo parken, lassen Sie keine teuren Mitbringsel offen auf dem Sitz liegen. Das unsicherste Fleckchen Hamburgs bleibt spätabends und nachts immer noch die Reeperbahn, wo Alkohol besonders am Wochenende in Strömen fließt. Vor einiger Zeit wurde für die Reeperbahn ein Waffenverbot ausgesprochen, das das Mitführen von Messern und anderen gefährlichen Gegenständen auf der sündigen Meile untersagt.

Essen & Trinken

Die Hamburger Gastronomielandschaft ist eine der vielfältigsten in Deutschland. Kein Wunder, denn als Hafenstadt war und ist Hamburg seit eh und je Anlaufpunkt für Menschen aus der ganzen Welt. Matjes, Bratkartoffeln, Labskaus und zum Nachtisch rote Grütze sind zwar kein Klischee, denn sie gehören definitiv zu den Hamburger Klassikern, aber die hanseatische Restaurantszene hat noch viel mehr zu bieten.

Gut und günstig

Ein Mittagsgericht kostet in Hamburg im Schnitt bis zu 10 Euro. Wer abends essen gehen möchte, kommt nicht so günstig davon – vor allem in den Sternelokalen, die recht hohe Preise haben, dafür aber auch erstklassiges Essen servieren. Aber natürlich bieten auch sternlose Restaurants eine ausgezeichnete Küche, die Köstlichkeiten kosten meist ab 15 Euro pro Hauptgericht. Viele Restaurants haben Kinderteller oder bieten kleinere und kostengünstigere Portionen an. Fragen Sie danach.

Hamburg hat viele Sterne

Am Hafenrand verwöhnen Sterneköche ihre Gäste auf höchstem Niveau. In keiner anderen deutschen Stadt brutzeln mehr Spitzenköche als in der Hansestadt. Wer es lieber rustikaler und einfacher mag, dem steht ebenfalls ein breites gastronomisches Spektrum zur Auswahl, zum Beispiel in der Sternschanze. Wer die spanische und portugiesische Küche bevorzugt, der ist in den vielen kleinen Tapasbars im Portugiesenviertel rund um

Ein echter Hamburger?

Auch wenn der „Hamburger" eigentlich den Namen der Hansestadt trägt, so scheiden sich die Geister, wo das Fast-Food-Gericht seinen Ursprung hat. Die einen meinen, die Bezeichnung sei auf „Rundstück warm" zurückzuführen, ein halbes Rundstück (Hamburger Ausdruck für Brötchen) mit einer Scheibe warmen Rinder- oder Schweinebraten mit Sauce. Andere Quellen behaupten, dass die Bezeichnung 1885 auf einem Jahrmarkt im Erie County nahe dem amerikanischen Hamburg bei Buffalo entstanden sei. Dritte wiederum wissen, dass der Begriff 1842 erstmals in einem amerikanischen Kochbuch auftauchte und eigentlich „Hamburger Steak", ein Steak aus Rinderhackfleisch, meinte. Woher auch immer der Begriff stammt, der Hamburger schmeckt auch in Hamburg sehr gut und sollte nicht nur mit Fast-Food-Ketten in Verbindug gebracht werden, denn er steht auch auf den Speisekarten vieler namhafter Restaurants. Unser Geheimtipp: der Burger im Deli von **Tim Mälzers Bullerei**. *Lagerstr. 34b, 20357 Hamburg, Tel. 040-33 44 21 10, www.bullerei.com.*

die Dietmar-Koel-Straße bestens aufgehoben (siehe S. 38). Die Hamburger City hingegen ist bekannt für ihre preiswerten Mittagsangebote.

Fangfrischer Fisch

Was aber nahezu alle hanseatischen Restaurants vereint – egal ob teuer oder preiswert – ist der Fisch, die absolute Nummer eins in Hamburgs Restaurantküchen. Echte Klassiker sind die Scholle Finkenwerder Art, mit Speck angebraten und mit Bratkartoffeln serviert, und Hamburger Pfannen- oder auch Pannfisch mit Kartoffeln und Senfsauce. Eine Hamburger Spezialität ist auch die Aalsuppe. Als eine Art Resteverwertungssuppe („aal in de Supp" – alles in die Suppe) enthielt sie ursprünglich nicht zwangsläufig Aal. Heute können Sie im Restaurant davon ausgehen, dass sich neben Fleisch und Gemüse auch Aal in dieser Suppe findet. Mittlerweile etablieren sich auch viele Sushi-Anbieter in der Stadt, die vorrangig Köstlichkeiten aus rohem Fisch anbieten.

Für zwischendurch

Für den kleinen Hunger zwischendurch eignen sich am besten Snacks wie Falafel, frittierte Bällchen aus pürierten Bohnen oder Kirchererbsen, Kräutern und Gewürzen. Als Alternative stehen Fischbrötchen, am besten und frischesten an den Landungsbrücken, oder eine deftige Currywurst zur Auswahl (siehe S. 59). Wem der Geschmack mehr nach Kaffee und Kuchen steht, der findet nahezu an jeder Ecke einen Coffeeshop. Und wenn Sie schon in Hamburg unterwegs sind, warum dann nicht auch einen echten hanseatischen Coffeeshop aufsuchen?

Solch einer ist Balzac Coffee (www.balzaccoffee.com) und mit seinen vielen Filialen, leckeren Kaffees und süßen Verführungen allemal eine Pause wert. Der Name der Hamburger Kette spielt übrigens auf den französischen Schriftsteller Honoré de Balzac an, der für seinen exzessiven Kaffeekonsum bekannt war.

Frisch aus der Region

Eine gesunde Alternative dazu ist das regionale Obst und Gemüse, das Sie unbedingt probieren sollten. Kirschen, Äpfel und Birnen kommen in vielen Sorten direkt und frisch aus dem Alten Land (siehe S. 66) oder aus den Vier- und Marschlanden (siehe S. 72) und werden auf den vielen Wochenmärkten (siehe S. 114) angeboten.

„Erntezug" auf einer Apfelplantage im Alten Land

Süßes zum Nachtisch

Wer es zum Nachtisch lieber süß mag, darf sich eine echte Hamburger rote Grütze mit Vanillesauce nicht entgehen lassen. Der angedickte Saft von Himbeeren oder Johannisbeeren mit Früchten schmeckt kleinen und großen Naschkatzen gleichermaßen. Teigwarenfans sollten unbedingt ein Franzbrötchen vernaschen, ein mit Zucker und Zimt gefülltes Plunderteiggebäck. Einer Legende nach soll ein Hamburger Bäcker im 19. Jahrhundert ein längliches Franzbrot, ein mit einem Baguette vergleichbares Gebäck aus weißem Mehl, in einer Pfanne mit Fett angebraten haben. Daraus soll das Franzbrötchen entstanden sein. Dass es eine regionale Spezialität der Hanseaten ist, zeigt sich darin, dass Franzbrötchen zum Beispiel in Lüneburg als „Hamburger" verkauft werden.

Für den Durst

Besonders beliebt und für die Großen die beste Erfrischung im Sommer ist das Alsterwasser (siehe S. 19) – ein Mischgetränk aus Bier und klarer Zitronenlimonade, das von Region zu Region eine etwas andere Zusammensetzung und einen anderen Namen hat („Radler" in Süddeutschland, „Potsdamer" in Berlin und Brandenburg etc.). Der Grog, eine Mischung aus heißem Wasser und einem gehörigen Schuss Rum, serviert mit Zucker, und Lütt un' Lütt, Pils und Schnaps, folgen auf Platz zwei und drei der typischen Hamburger Getränke. Eine leckere Apfelschorle aus frischem naturtrüben Altländer Apfelsaft oder die Mischung von Sprudelwasser mit leckerem Kirschsaft sind die richtigen Durstlöscher für den Nachwuchs.

Frischer Fisch

Wer frischen Fisch probieren möchte, der ist zum Beispiel bei **Daniel Wischer** *an der richtigen Adresse (Spitalerstr. 12, 20095 Hamburg, Tel. 040-32 52 58 15, www.danielwischer.de).*
Frisches Sushi gibt's im **Sashimi** *(Wandelhalle im Hauptbahnhof, www.sashimi-sushi.de), in der* **Sushi Factory** *(Am Rathausmarkt 7, 20095 Hamburg, Tel. 040-87 88 17 17, www.sushi-factory.com) oder bei* **Henssler & Henssler** *(Große Elbstr. 160, 22767 Hamburg, Tel. 040-38 69 90 00, www.hensslerhenssler.de, Achtung: unbedingt reservieren!).*
Wer abends raffiniert zubereiteten Fisch essen möchte, für den ist das **Rive** *die richtige Adresse (Van-der-Smissen-Str. 1, 22767 Hamburg, Tel. 040-380 59 19, www.rive. de). Neben bester Fischküche gibt es den atemberaubenden Elbblick obendrein – wie auch im* **Fischereihafen Restaurant** *(Große Elbstr. 143, 22767 Hamburg, Tel. 040-38 18 16, www. fischereihafenrestaurant.de). Leckere preisgünstigere Fischgerichte in einem rustikalen Ambiente gibt es in Hülle und Fülle im Portugiesenviertel (siehe S. 38), zum Beispiel im* **Meson Galicia** *(Ditmar-Koel-Str. 18, 20459 Hamburg, Tel. 040-319 59 88, www.mesongalicia.de).*

Die Badebucht

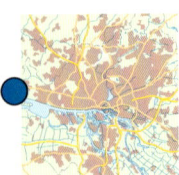

Dieses Kombibad hat es so richtig in sich. Etwas außerhalb Hamburgs, in **Wedel,** ist die Badebucht ein wahres Paradies für kleine und große Wasserratten. Hier kommen Schatztaucher, Ballwerfer, Schwimmer, Piraten, Saunaliebhaber, Rutschmeister und Um-die-Wette-Paddler voll auf ihre Kosten. Die üppige Badelandschaft hat einiges zu bieten: Ein hölzernes Piratenschiff, verschieden tiefe Becken und Wasserrutschen, Warmsprudelbecken, Strudel und gemütliche Liegen stehen für das spritzige Vergnügen bereit. Jeden zweiten Sonntag stehen im Erlebnisbad drei Stunden Kinder-Action mit professionellen Animateuren auf dem Programm. Auf die Plätze, fertig, los: Die 90 Meter lange Rutsche verspricht Nervenkitzel, denn hier entscheidet eine Stoppuhr, wer der schnellste Was-

Bäderland Hamburg
*Wer in Hamburg das nasse Element genießen will, der wird zweifelsohne nicht um das Angebot des **Bäderlands** herumkommen. 26 Hallen- und Freibäder, davon 25 mit einem umfangreichen Angebot für Kinder, vereint das Unternehmen unter seinem Dach. Und fast fünf Millionen Besucher sind es jährlich, die sich den nassen Spaß nicht entgehen lassen, www.baederland.de.*

serflitzer ist. Und während die Kinder sich im 34 Grad warmen Nass des Planschbeckens vergnügen, lassen es die Eltern entspannt in der Wellnessoase angehen oder drehen einige Bahnen in der Sportschwimmhalle. Auf die Saunafreunde der Badebucht warten neben der Erdsauna zwei Finnische Saunen, ein Dampfbad und eine Trockensauna. Wer möchte, kann sich massieren lassen. Und wen der kleine Hunger packt, der hat im **Fährkrug,** dem sich im Saunabereich befindenden Restaurant, oder im Selbstbedienungsbereich die Möglichkeit, sich zu stärken. Ein weiteres Plus sind die kostenlosen Parkplätze.

*Am Freibad 1, 22880 Wedel, Tel. 04103-914 70, www.badebucht.de. Mo 14-20, Di-Fr 6.30-20, Sa, So 10-20 Uhr, Tageskarten Erw € 8, Kinder (3-17 J.) € 6 (Wochenendzuschlag jeweils € 0,50), Familienkarte (max. 5 Personen) € 16 (Wochenendzuschlag € 2). **Anfahrt:** S 1 Wedel*

In der Badebucht stranden auch mal kleine Wassernixen

Arriba

Auch für die ersten Schwimmversuche gibt es im Arriba das passende Becken

Arriba klingt nicht nur nach einem nassen Abenteuer, sondern ist es auch: 14 Becken wurden in **Norderstedt** unter einem Dach vereint und versprechen ein unvergessliches Planscherlebnis. Dafür sorgen Luftsprudler, Wasserpilze, Wasserschleier, Hangelnetze und Wasserkanonen, Schwallduschen, ein Wasserfall mit Steilwandrutsche, Unterwassermassagedüsen und Brodelberge sowie das 29 Grad warme Erlebnisbecken. Wem der Sinn nicht nach so viel Action steht, der kann sich mit seiner Rasselbande einfach treiben lassen, zum Beispiel im Strömungskanal. Und wer seinen Nachwuchs unter sich lassen möchte und das Geschehen lieber vom Beckenrand verfolgt, der sollte im **Straßencafé** Platz nehmen. Für die Kleinsten gibt es ein warmes Babybecken. Im Kleinkindbecken hingegen warten Wasserspiele, eine Rutsche und ein wasserspeiender Seehund auf tobefreudige Wasserratten. Doch unangefochtener Mittelpunkt ist hier das Wasserkarussell, das zu feuchtfröhlichen Runden einlädt.

Ein weiteres Highlight ist das Wellenbad mit dem künstlichen Strand, hinter dem sich ein neuer Kleinkindbereich befindet. Was Ihren Nachwuchs erwartet: ein Rutschenberg, von dem ein etwa 124 Meter langer Wildwasserkanal abgeht, eine 38 Meter lange Turborutsche, zwei Familienrutschen sowie eine 115 Meter lange Reifenrutsche.

Am Hallenbad 14, 22850 Norderstedt, Tel. 040-521 98 40, www.arriba-erlebnisbad.de. Mo-Mi 6.30-22, Do, Fr 6.30-23, Sa, So 9-22, Sommerbad 20. Juni-2. Sep tgl. 9-20 Uhr, 3 Std. Erw. Mo-Fr € 6,50, Sa, So € 7,50, Kinder (bis 15 J.) Mo-Fr 4, Sa, So 4,50, Fam. Mo-Fr € 16, Sa, So € 18,50.
Anfahrt: *U 1 Garstedt*

Alsterwasser

Die Münchner nennen es „Radler", die Saarländer „Panaché", die Berliner sagen dazu „Stange", und in Hamburg bestellt man „Alsterwasser" oder kurz „Alster", benannt nach dem gleichnamigen Hamburger Fluss. Den Mix aus Zitronenlimo und Bier kreierte übrigens 1922 ein Münchner Wirt, dem die Biervorräte auszugehen drohten, als eine Schar von durstigen Radlern bei ihm einkehrte. In seiner Not streckte er das Bier kurzerhand mit Limonade.

Heidebad und Aquarella

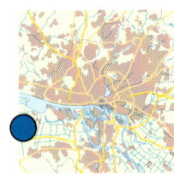

Alljährlich im Mai öffnet das **Heidebad** in **Buxtehude** (siehe S. 68) seine Pforten. Am Rande des Landschaftsschutzgebiets Estetal liegt das Freibad, das mit seinem großen Areal nicht nur zum Schwimmen und Planschen, sondern auch zum Entspannen, Toben und Kicken auf den Rasenflächen einlädt. Bis in den September hinein hält das Bad, das über eine tolle Rutsche in das Naturbecken sowie ein Schwimmbecken mit 50-Meter-Bahn, ein Kinderplanschbecken und Sprungtürme verfügt, seine Türen für Badegäste geöffnet. Sollte das Wetter bei einem Buxtehude-Besuch mal nicht mitspielen,

> ## Prickelnde Sole
> *Wer einen Abstecher in die* **Lüneburger Heide** *(siehe S. 80) unternimmt, der kann einen Badestopp in* **Soltau** *einlegen. Hier gibt es eine tolle* **Therme** *mit einem prickelnden Solebad, einer tollen Saunawelt, einem 25-Meter-Schwimmer- sowie einem Außenbecken. Highlight ist das Kinder-Badeland mit der 84 Meter langen Rutsche, und einer Sprunganlage. Soltau-Therme, Mühlenweg 17, 29614 Soltau, Tel. 05191-844 81, www.soltau-therme.de.*

muss die Badepause nicht ins Wasser fallen: Das **Aquarella** bietet neben einem Sportbecken ein warmes Kinderbecken, eine tolle Saunalandschaft mit Nordic-Sauna, Dampfbad, finnischer Sauna, Bio-Sauna sowie einem Bistro, die schlechtes Wetter schnell vergessen lassen.

Heidebad: Estetalstr. 44, 21614 Buxtehude, Tel. 04161-72 71 61, www. heidebad-buxtehude.de. Mai-Sep Mo 13-20, Di-Fr 6-20, Sa, So 8-19 Uhr, Erw. € 3, Kinder € 2.
Aquarella: Konopkastr. 4, 21614 Buxtehude, Tel. 04161-99 77 91 61, www. aquarella.de. Sep-Mai Mo 15-21.30, Di 6-21.30, Mi 6-13.30, Do 6-20, Fr 6-21.30, Sa 10-18, So 10-19 Uhr, Erw. € 3, Kinder € 2.
Anfahrt: S 3 Buxtehude

Auch bei einem Ausflug in die Heide tut eine erfrischende Badepause gut

Strandbad Farmsen

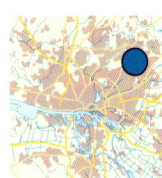

Das kinderfreundliche Natur- und Strandbad Farmsen ist ideal geeignet für einen Badeausflug ins Grüne. Auf den großen Liegeflächen am 200 Meter langen Sandstrand oder auf dem Rasen haben Sie mit Ihren Kindern genügend Platz zum Relaxen. Wenn es um das Toben geht, sorgt die 50 Meter lange Rutsche für Action. Im abgetrennten Nichtschwimmerbereich vergnügen sich kleinere Wasserratten. Eltern, die gern mit ihren Kindern schwimmen, werden den See lieben, der 1928 aus einer ehemaligen Tongrube entstand. Er ist bis zu 8,20 Meter tief und hat eine Gesamtuferlänge von 650 Metern. Bemerkenswert: das Wasser hat Trinkwasserqualität. Im Süden des Sees ist das Ufer befestigt, eine Treppe führt ins erfrischende Nass. Ein kleiner Kiosk und eine Gartenterrasse laden zwischendurch zu einem kleinen Snack ein. Ein weiteres Plus ist der Spielplatz. Hier können Kinder nicht nur ihre Eltern beim Tischtennis abzocken, sondern auch nach Herzenslust herumtollen.

Achtung: Da es sich hier um ein Naturbad handelt, sollten Sie sich nicht wundern, wenn Sie beim Bahnenziehen den einen oder anderen Fisch sichten. Denn die Seebewohner, unter ihnen Aale, Forellen, Karpfen, Schleien, Zander, Barsche und Rotfedern, fühlen sich hier pudelwohl und lassen sich vom Badebetrieb nicht stören.

Hamburger Trabrennsport

*Bekannt wurde **Farmsen** 1911 durch die heute nicht mehr existierende Trabrennbahn, an die nur noch der Name eines U-Bahnhofs erinnert. Doch Pferdesport hat in der Hansestadt eine lange Tradition. Seit 1855 finden in **Horn** Rennen statt. So z. B. das Deutsche Derby seit 1869, bei dem 50.000 Zuschauer das Geschehen verfolgen und die Teilnehmer anfeuern.*

Neusurenland 63, 22159 Hamburg, Tel. 040-643 44 10, www.strandbad-farmsen.de. Tägl. 11-19 Uhr, Erw. € 3, Kinder € 1,50.
***Anfahrt:** Bus 27, 168 Neusurenland*

Nicht nur Bade-, sondern auch Buddelvergnügen bietet das Strandbad

Riesig, aber wasserscheu sind die Beckenrand-Dinos im Festland

Festland

Ein Fest wird es ganz sicher, wenn Sie mit Ihrer Rasselbande das Festland in **Altona** ansteuern. Denn hier erwartet Sie Deutschlands größte Wasserspiellandschaft für Kinder. Auf den 900 Quadratmetern gibt es für Ihren Nachwuchs einiges zu entdecken: Dinos wie Triceraptos und Stegosaurus spritzen Wasser, der Flugsaurier Pteranodon fliegt über die Badegäste hinweg, während ein Tyrannosaurus Rex das Geschehen aus sicherer Entfernung beobachtet. Das erst 2009 eröffnete Bad hält außerdem ein Planschbecken für die Kleinen bereit, während die Größeren die 20 Meter lange Bachrutsche hinunterdüsen. Eine Grotte mit Fossillien, ein Vulkan mit Dampf und Lava, Geysire und eine Bernsteingrotte runden das Abenteuer ab. Für Schwimmratten stehen drei 25 Meter lange Pools bereit, der Sportpool wird gern zum Springen vom Drei-Meter-Turm genutzt, und ein Saunabereich dient der Entspannung.

Holstenstr. 30, 22767 Hamburg, Tel. 040-41 30 78 90, www.baederland. de. Mo 13-22, Di-Fr 11-22, Sa 15-22, So 12-22 Uhr, Erw. € 8,30, Kinder (bis 16 J.) € 4,20.
Anfahrt: *S 11, 21, 31 Holstenstraße*

Naturbad Stadtparksee

Sie brauchen eine Pause von der Großstadthektik? Nichts einfacher als das, denn im **Winterhuder Stadtpark** (siehe S. 119), dem ehemaligen privaten Jagdrevier, wartet ein nasses Vergnügen für Jung und Alt. Auf den Rasenflächen rund um das 138 mal 107 Meter große Becken können sich Kinder nach Herzenslust austoben und im naturbelassenen Wasser planschen. Mama und Papa leihen sich derweil zwei Sonnenliegen und entspannen. Wie wär es danach mit einer Tischtennispartie? Oder doch lieber auf dem Spielplatz eine Runde schaukeln? Wer sich ein Päuschen gönnen möchte, der sollte direkt die Sonnenplattform ansteuern, bevor erneut das kühle Nass ruft. Und falls sich Hunger regt: In Schumachers Biergarten gibt es Speisen und Getränke.

> ### Schippern auf dem See
> *Für alle, die den Stadtparksee erobern möchten gibt es eine* **Bootsvermietung** *auf der Stadtparkinsel im roten Pavillon. Im Sortiment: Ruder- (€ 12/ Std.), Tretboote (€ 10/Std.) und Kanus (€ 10/Std.). Vermieter Karl-Heinz Rohden erklärt gern, welche Wasserwege vom Goldbekkanal aus befahrbar sind. Südring 5 a 22303 Hamburg Tel. 040-27 34 16, U 3 Borgweg.*

Südring 5b, 22303 Hamburg, Tel. 040-18 88 90, www.baederland.de. Öffnung wetterabhängig (siehe Homepage), i. d. R. tgl. 11-20 Uhr, Erw. € 2,70, Kinder (bis 16 J.) € 1,40, Fam. (2 Erw., 1 Kind) € 6,40.
Anfahrt: *U 3 Borgweg*

Kein Erlebnis-, sondern ein Schwimmbad: das Naturbad im Stadtpark

Holthusenbad

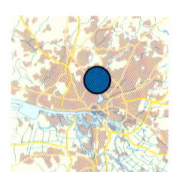

Einen ganz besonderen Charme und Zauber versprüht das Holthusenbad in **Eppendorf**. 1914 wurde es nach Plänen von Fritz Schumacher errichtet, der auch das Bernhard-Nocht-Institut entwarf (siehe S. 52). Ursprünglich waren neben dem Schwimmbad auch ein Standesamt und eine Öffentliche Bücherhalle dort untergebracht. Heute vereint das Bad unter seinem Dach alles, was das Herz von Wasserfreunden begehrt: Hallenschwimmbad, Thermalbad, Wellenbad, Außenpool, Saunabereich und eine gesonderte Spa-Landschaft. Für Kinder ist das Wellenbad die Nummer eins, denn im halbstündigen Rhythmus verwandelt sich der ruhige Wasserspiegel für einige Zeit in eine aufregende Meeresbrandung. Der an den Außenpool

Doppeltes Rutschvergnügen

Alle rutschbegeisterten Wasserratten aufgepasst, im **Freizeitbad Billstedt** *gibt es sie: Hamburgs größte Rutschenanlage! Im 13 Meter hohen Rutschenhaus zwischen Hallen- und Freibad ist sie nicht zu übersehen. Zwei Röhren laden zum Rutschen ein, genauer gesagt eine Reifenrutsche mit einer Länge von etwa 96 Metern und eine Turborutsche, etwa 40 Meter lang. Aber bitte vorsichtig sein, denn dieses Rutschvergnügen hat es in sich: Geübte nehmen sogar mehr als 50 Stundenkilometer Fahrt auf. Archenholzstr. 50a, 22117 Hamburg, Tel. 040-18 88 90, www. baederland.de, U 2 Billstedt. Di-Do 14-20 (Ferien ab 10), Fr 8.30-20, Sa, So 10-18 Uhr, Erw. € 4,80, Kinder € 2,40.*

Baden mit Stil: zum Beispiel in der Therme des Holthusenbads

angrenzende Wasserspielplatz steht ebenfalls hoch im Rennen. So richtig ins Schwitzen kommen Eltern – und auch Kinder – im Saunabereich. Und weil so viel Action hungrig macht, gibt's ein Bistro, das Erfrischungen und Snacks bereithält.

Goernestr. 21, 20249 Hamburg, Tel. 040-18 88 90, www.baederland.de. Sep-April 9-23, Mai-Aug 9-22 Uhr, Tageskarte Erw. € 9,50, Kinder (bis 16 J.) € 7,10, Fam. (2 Erw., 1 Kind) € 20. **Anfahrt:** *U 3 Kellinghusenstraße*

Die längste Wasserrutsche Hamburgs führt im Freibad Aschberg in die Fluten

Freibad Aschberg

Auf die Rutsche, fertig, los! Im Freibad Aschberg gibt es keine Grenzen – zumindest was das Runterdüsen ins nasse Element angeht. 111 Meter ist die Rutsche lang und damit die längste in Hamburg. Nur etwa vier Kilometer vom Hamburger Hauptbahnhof entfernt liegt das Freibad, das für wagemutige Wasserliebhaber drei Sprungbretter bereithält. Ein separates Babyschwimmbecken bietet auch den jüngsten Wasserratten ein nasses Plätzchen, wenn die Sonne vom Hamburger Himmel lacht. Und das sollte sie beim Besuch dieses Freibads, da die Becken nicht beheizt werden. Wer wieder erfrischt aus den Fluten steigt, kann prima auf der riesigen Liegewiese relaxen, die oft auch Austragungsort von Badmintonwettkämpfen und Volleyballmatches ist.

Rückersweg 60, 20537 Hamburg, Tel. 040-18 88 90, www.baederland.de. Öffnung wetterabhängig (siehe Homepage), i. d. R. tgl. 10-18 Uhr, Erw. € 2,70, Kinder (bis 16 J.) € 1,40, Fam. (2 Erw., 1 Kind) € 6,40.
***Anfahrt:** U 2 Rauhes Haus*

Die Schwimmoper

*Wer bei diesem Wort an eine musikalische Aufführung denkt, der irrt. Denn damit ist das größte Hallenbad Hamburgs gemeint, die **Alster-Schwimmhalle** in Hohenfelde, die wegen ihrer Architektur so genannt wird. Seit 1973 ist sie Austragungsort (inter-)nationaler Wettkämpfe. Alster-Schwimmhalle, Ifflandstr. 21, 22087 Hamburg, Tel. 040-18 88 90, www.baederland.de, U 1, 3 Lübecker Straße.*

Freibad Rahlstedt

Kinderfreundlichkeit hat sich dieses Freibad besonders groß auf seine Fahnen geschrieben. Kein Wunder, dass Mama, Papa und Nachwuchs den Besuch hier gern zu einem Ganztagesabenteuer ausweiten und sich die Sonne auf den Pelz scheinen lassen.

Ein Planschbecken für Eltern mit ihren Lütten, ein Mehrzweckbecken für Schwimmer, Turmspringer und fröhliche Wasserratten, die am liebsten die Drei-Meter-Minirutsche runterdüsen, und ein Spielplatz sorgen dafür, dass keine Langeweile aufkommt. Wer lieber an Land sportlich unterwegs ist, der kann sich bei einer Partie Tischtennis, Beachvolleyball, Minigolf und Boccia beweisen. Und allen, die noch mehr Action brauchen, stehen eine Wasserrutsche und ein Sprungbrett zur Verfügung. Besonders beliebt bei Eltern sind die Strandkörbe im Sandbereich, in denen entspannt wird, während der Nachwuchs das nasse Element testet. Ein kleiner Kiosk bietet Snacks und Getränke zur Stärkung.

Wiesenredder 85, 22149 Hamburg, Tel. 040-18 88 90, www.baederland. de. Öffnung wetterabhängig (siehe Homepage), i. d. R. tgl. 10-18 Uhr, Erw. € 2,70, Kinder (bis 16 J.) € 1,40, Fam. (2 Erw., 1 Kind) € 6,40.
Anfahrt: *Bus 164 Freibad Rahlstedt*

Poolnudeln geben im Rahlstedter Freibad Auftrieb

Badlantic Ahrensburg

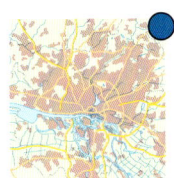

Warten auf die perfekte Welle im Badlantic

Eine wahre Wohlfühloase für kleine und große Wasserratten wartet im schleswig-holsteinischen **Ahrensburg**. Das Badlantic verspricht einen tollen Tag: Vom Wellen- übers Freibad bis zur Sauna (auch für den Nachwuchs) gibt es hier so ziemlich alles, was Spaß macht. Strandkörbe und Whirlpools sorgen für die nötige Entspannung bei den Großen. Weitere Highlights: ein Babybecken für die Kleinsten, Eltern-Kind-Sauna für Familien und das Wellenbecken, das nicht nur den Kindern Freude bereitet. Im Sommer gibt es die Möglichkeit, den Badespaß nach draußen an die frische Luft zu verlegen. Das dazugehörige Freibad öffnet seine Pforten für Schwimmer und Sonnenanbeter in den Sommermonaten und hat natürlich auch Liegewiese und Spielplatz zu bieten. Ein weiteres Highlight für kleine Badegäste: das Käpt'n-Blaubär-Spieleland, in dem es auf eine abenteuerliche Schiffsreise mit der blauen, ewig flunkernden Kultfigur geht. Samstags (15-17 Uhr) steht Kinderanimation im Wasser auf dem Programm mit Talertauchen, dem Badlantic-Tanz und anderen lustigen Aktionen. Weil so viel Wasserspaß für knurrende Mägen sorgt, gibt's im Bistro „Atlantis" Süßes und Herzhaftes sowie Erfrischungen.

Reeshoop 60, 22926 Ahrensburg, Tel. 04102-482 80, www.badlantic.de. Hallenbad: Mo 12-20.15, Di-Do 6.30-21.45, Fr 6.30-20.15, Sa, So 9-18.30 Uhr, Tageskarte: Erw. € 7, Kinder (3-15 J.) € 4, Freibad: Mo 12-20, Di-Fr 6.30-20, Sa, So 9-19 Uhr, Erw. € 3, Kinder € 2.
Anfahrt: *Bus 476, 576, 776 Ahrensburg, Hallenbad*

Indoo Park

*Nicht weit vom Badlantic entfernt wartet sie: eine große **Spielhalle**, in der sich junge Wilde zu jeder Jahreszeit auf Wellenrutschen, Minikarts, Trampolinen, an der Kletterwand oder auf dem 7,50 Meter hohen Piratenschiff tummeln können. Ewige Weide 1, 22926 Ahrensburg, Tel. 04102-20 09 00, www.indoo.de, Bus 169, 469 Ewige Weide. Tgl. 10-19 Uhr, Eintritt € 7,90, Kinder (bis 2 J.) € 3,50.*

Großensee

Idyllisch präsentiert sich der Großensee im schleswig-holsteinischen **Stormarn.** Hier kommen kleine und große Wasserratten auf ihre Kosten.

Sommerlicher Dreikampf

Der Ort Großensee ist nach dem gleichnamigen See benannt und Austragungsort des **Midsummer Triathlons.** *Hier messen sich 2011 zum zwölften Mal 180 Sportler in drei Disziplinen: 500 Meter Schwimmen, 20 Kilometer Radfahren, 5 Kilometer Laufen. Weil der Triathlon immer am längsten Tag des Jahres stattfindet, fällt die Veranstaltung meist auf einen Wochentag. Start und Ziel ist das Freibad Großensee, www.midsummer-triathlon.de.*

Eine große Liegewiese, DLRG-Bewachung, kostenlose Parkplätze und ideale Voraussetzungen für Kinder machen das Gewässer zu einem beliebten Familienausflugsort. Der See besitzt unbelastetes Wasser, das regelmäßig kontrolliert wird. Beachvolleyballfeld, Kinderspielplatz und ein Badesteg runden das Angebot ab. Ein flacher Bereich ist der perfekte Einstieg für Nachwuchsschwimmer und lädt zum ausgiebigen Planschen ein. Ein Geheimtipp: der an den See grenzende **Campingplatz** [Camping ABC am Großensee, Trittauer Str. 11, 22946 Großensee, Tel. 04154-606 42 info@campingplatz-abc.de, www.campingplatz-abc.de]

Seestr. 1, 22946 Großensee, Tel. 04154-69 30. Mai-Mitte Sep tgl. 8-22 Uhr, Erw. € 2,50, Kinder (6-15 J.) € 1.
Anfahrt: *Bus 337, 364, 464, 465, 537 Großensee, Ort*

Baderegel Nr. 1: Erst abkühlen, bevor es ins Wasser geht

Naturbad Kiwittsmoor

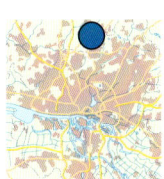

Von seinen Stammbesuchern liebevoll „Kiwi" genannt, ist das Naturbad Kiwittsmoor in **Langenhorn** eines der schönsten seiner Art in Hamburg. Das Wasser ist besonders rein und hat Trinkqualität, da der Brunnen, aus dem es sprudelt, auch als Notwasserbrunnen für Krisenzeiten vorgehalten wird. Das unbeheizte Schwimmbecken ist 80 Meter lang und 50 Meter breit, ein quer verlaufender Steg trennt den Schwimmer- und den Nichtschwimmerbereich. 2,50 Meter misst das Becken an tiefster Stelle, weshalb es auch nur ein 1,20 Meter hohes Sprungbrett gibt. Am flachen Ende des Schwimmbeckens befindet sich ein kleiner, beliebter Strand, wo nach Herzenslaune gebaggert und gebuddelt werden kann. Gebaggert wird außerdem auf den acht Beachvolleyballfeldern, die sich am Rand des Geländes befinden und von vielen Schatten spendenden Bäumen gesäumt werden. Eine Tischtennisplatte fordert Ballakrobaten zum Wettkampf auf, und ein Strandfußballplatz befindet sich in unmittelbarer Nähe. Für Denksportler steht Freiluftschach als Alternative bereit.

Kleine Badbesucher können sich nach Herzenslust auf dem Spielplatz austoben, sofern sie sich noch nicht im hellblauen Planschbecken ausgepowert haben, das während der Saison jeden Abend geleert, gereinigt und morgens wieder mit frischem Brunnenwasser

Glasklar und erfrischend: das Wasser im Naturbad Kiwittsmoor

gefüllt wird. Und für den kleinen Hunger gibt es allerlei Leckeres im **Biergarten**, der neben einer Minigolfanlage über einen Billardtisch verfügt.

Übrigens: In der kalten Jahreszeit, in der sich selbst die hartgesottensten Badegäste nicht mehr ins kühle Nass bewegen, findet in diesem Naturbad **Fliegenfischen** statt. Das Prinzip: Angeln ohne Haken, denn es geht nicht um die Beute, sondern um die Weite und Treffgenauigkeit.

Hohe Liedt 9, 22417 Hamburg, Tel. 040-537 02 47, www.naturbad-kiwittsmoor.de. Im Sommer tgl. 11-19 Uhr (witterungsabhängig), Erw. € 2,50, Kinder € 1,40, Fam. € 7.
***Anfahrt:** U 1 Kiwittsmoor*

MidSommerland

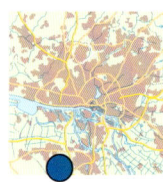

Ein Badeparadies für alle Wasserratten ist das skandinavisch geprägte MidSommerland am **Harburger Außenmühlenteich.** Nicht nur die 35 Meter lange Rutsche lässt mutige Herzen höherschlagen. Ein weiteres Highlight ist das von einem kleinen Wasserfall gespeiste Wildwasser. Der Bach ist etwa 32 Meter lang und fließt an Hindernissen vorbei, die es zu bewältigen gilt.

Für die ganz kleinen Wasserratten gibt es einen Kleinkinderbereich mit Wasserigel, Rutsche und Bodensprudlern. Auf Kinder im Alter von drei Monaten bis vier Jahren wartet der Miniclub, in dem die Kleinsten nach Lust und Laune im nassen Element toben können. Währenddessen genießen Mama und Papa die Ruhe in der Saunalandschaft und entspannen, bevor sie sich mit den

Schwebende Töpfe

Wie von Geisterhand schwebt der Topf unter der Decke, bevor er die Kurve nimmt und in einer Spirale zum Tisch heruntersaust. Verrückt, aber wahr und im **Schwerelos & Zeitlos** *möglich. Im Harburger Binnenhafen bietet das verrückte Restaurant Hausmannskost mit regionalem Einschlag. 17 kleine Fahrstühle bringen die Speiseschlitten auf bis zu fünf Meter Höhe, die dann dank der Schwerkraft durch den Raum bis an den Tisch des Bestellers sausen. Ein Geheimtipp sind die hausgemachten Nachspeisen wie Mousse au Chocolat oder Nougat-Bayrisch-Creme. Harburger Schloßstr. 22, 21079 Hamburg, Tel. 040-89 72 13 10, www.schwereloszeitlos.de. Mi-Fr 16.30-23, Sa, So 11-23 Uhr.*

Kids auf ein Rutschvergnügen durch Felsformationen, über Hindernisse und durch Mulden begeben.

Gotthelfweg 2, 21077 Hamburg, Tel. 040-18 88 90, www.baederland.de. Tgl. 10-23 Uhr, Erw. € 8,70, Kinder (bis 16 J.) € 4,40, Fam. (2 Erw., 1 Kind) € 17,40. **Anfahrt:** *Bus 142 Freizeitbad Mid-Sommerland*

MidSommerland: Planschen in nordischem Ambiente

Parkbad Volksdorf

Wussten Sie, dass Taka-Tuka-Land am Rande Hamburgs liegt? Zumindest gibt es im Volksdorfer Parkbad eine kleine, palmenbestandene „Badeinsel", vor der auch die „Hoppetosse" von Kapitän Ephraim Langstrumpf vor Anker liegt. Wer hier an Bord geht, trifft zwar nicht auf dessen Tochter Pippi, aber auf Kletternetze und viele weitere Spielgelegenheiten. Darum herum bevölkern Schildkröten und Kraken die Kinderbadelandschaft, die dem Nachwuchs einen abwechslungsreichen Aufenthalt verspricht. Eine 50 Meter lange Rutsche sorgt für weitere Action, ebenso der abgetrennte Nichtschwimmerbereich. Wer schon schwimmen kann, wagt sich entweder in das 25 Meter lange Mehrzweckbecken oder in den Außenpool, der übrigens das ganze Jahr über nutzbar ist. Ein Ein-Meter- und ein Drei-Meter-Sprungbrett im Mehrzweckbecken warten auf Luftakrobaten, während Whirlpool, Massagedüsen und ein Solarium das Angebot für die Eltern ergänzen. Vorausgesetzt, diese relaxen nicht derweil auf den Liegeflächen am Sandstrand oder auf dem Rasen oder schwitzen in Dampfbad und (Erd-)Sauna.

Rockenhof, 22359 Hamburg, Tel. 040-18 88 90, www.baederland.de. Mo-Fr 6.30-23, Sa, So 8-23 Uhr, Erw. € 8,30 Kinder € 4,20 Fam. € 16,60.
Anfahrt: *U 1 Volksdorf*

Vor dem Taka-Tuka-Land ist die „Hoppetosse" vor Anker gegangen

Lebendiges Museum

*Im **Museumsdorf Volksdorf** erfährt man nicht nur, wie einst die bäuerliche Bau- und Wohnkultur der Menschen in Hamburg und im holsteinischen Geestland aussah, man darf auch mitanpacken und lernt zum Beispiel, wie Butter und andere Lebensmittel hergestellt werden. Und natürlich darf man alles Selbstgemachte kosten. Neben einem Bauernmuseum, in dem Einrichtungs- und Arbeitsgegenstände aus der Zeit der Industrialisierung ausgestellt sind, gibt es außerdem ein Gelände, auf dem Hoftiere wie Schafe, Enten, Ziegen und Kaninchen wie in den guten alten Zeiten gehalten werden. Im Alten Dorfe 46-48, 22359 Hamburg, Tel. 040-603 52 25, www.museumsdorf-volksdorf.de, U 1 Volksdorf.*

SaLü Salztherme Lüneburg

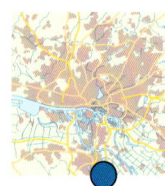

Salzwasser mitten im niedersächsischen Binnenland? In der malerischen Salzstadt **Lüneburg** (siehe S. 77) gibt es zwar kein Meer, aber Sole, die allein das Wasser in der Therme zu einem Erlebnis werden lässt.

Und darüber hinaus gibt es noch eine Vielzahl an Attraktionen für die großen und kleinen Familienmitglieder: Eine 90 Meter lange Rutsche steht für größere Kinder im Wellenbad bereit, die mit Filmprojektionen, Licht- und Farbeffekten und einem „Black Hole" ein Nervenkitzel für wagemutige Kids ist. Kleinere Geschwister vergnügen sich währenddessen ausgiebig auf den lustigen Wassertieren, auf der Dreier-Rutsche oder „surfen" mit den Wasserbrettern durch die Wellen. Ein Staudamm mit Wasserfass, ein Wasserfall und die Seeschlange „Tribolin" mit ihrer funkelnden Schatzkiste warten außerdem auf kleine Wasserfans.

Und was machen die Eltern währenddessen? Keine Sorge, für Mama und Papa gibt es auch genug zu tun. Zum Beispiel in der Sauna entspannen und in der Wellnessoase die Seele baumeln lassen. Oder wie wäre es, bei Unterwassermusik im Sole-Entspannungsbecken zu schweben, um es sich danach im warmen Wasser des Whirlpools gemütlich zu machen? Sie schauen einfach nur dem Nachwuchs beim Planschen zu und freuen sich, dass Ihre Kids so viel Spaß haben.

Bevor es wieder Richtung Hamburg geht, lädt das **Bistro** im Bad noch auf eine kleine Mahlzeit ein. Oder Sie besuchen das **Restaurant** im Bad, das mit leckeren, leichten Gerichten lockt. Gegen den Durst hat die **Saunabar** erfrischende Getränke parat.

Nasse „Experimente" mit dem salzhaltigen Thermenwasser am Staudamm

Uelzener Str. 1-5, 21335 Lüneburg, Tel. 04131-72 31 10, www.salue.info. Mo-Sa 10-23, So 8-21 Uhr, Tageskarte Erw. € 12,50, Kinder (bis 16 J.) € 8, Fam. € 24,50.
Anfahrt: *R 30 Lüneburg, Hauptbahnhof, dann Bus 5044 Uelzener Straße, Kurzentrum*

ZEHN TOUREN, DIE ALLEN SPASS MACHEN

Tour 1: Hamburg maritim – ein Bummel an der Hafenkante

Fischmarkt • Alter Elbtunnel • Landungsbrücken • Hafenrundfahrt • Portugiesenviertel

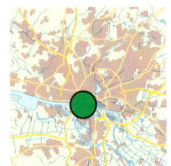

Wo: Hamburger Hafen – Wie: zu Fuß und mit einem Schiff – Dauer: Halbtagesausflug – Nicht vergessen: bequeme Schuhe, Fernglas

Die erste Tour führt Sie in das Hamburger Herzstück: zum Hafen. Eine der berühmtesten touristischen Attraktionen der Stadt ist auch für Einheimische ein beliebtes Ziel, denn hier ist eigentlich immer was los: Kreuzfahrtriesen kommen zu Besuch, Konzerte und Events wie der Hafengeburtstag im Mai oder einfach der alltägliche Hafenbetrieb, den Sie bei einem entspannten Spaziergang auf der Promenade wunderbar beobachten können.

Marktschreier und Fischbrötchen

Es gibt nur einen Ort, an dem eine Hafentour in Hamburg beginnen kann: den legendären **Fischmarkt** [S 1-3 Königstraße oder Reeperbahn (sonntagmorgens nicht zu empfehlen) oder Bus 112 Fischmarkt]. Seit 1703 wird hier jeden Sonntagmorgen gehandelt, was das Zeug hält: Alles, vom fangfrischen Fisch über Körbe voller Obst bis hin

Immer wieder sonntags gibt's Gelegenheit zu einem Bummel über den Fischmarkt

zu lebenden Tieren oder tropischen Pflanzen, wechselt zu teils sensationell günstigen Preisen den Besitzer. Wer die Marktschreier wie den berühmten Aale-Dieter in Aktion erleben und sich dabei das obligatorische Krabbenbrötchen schmecken lassen will, muss früh aufstehen (oder gar nicht erst ins Bett gehen) – der Fischmarkt beginnt im Sommer schon um 5 Uhr, im Winter zwei Stunden später, der „Feierabend" wird pünktlich um 9.30 Uhr durch ein lautes Bimmeln verkündet. Auch wenn Sie Ihre Tour wochentags unternehmen, der gepflasterte Platz und die historische **Fischauktionshalle** [Große Elbstr. 9, 22767 Hamburg, www.fischauktionshalle-hamburg.de. Stets geöffnet, außer bei Veranstaltungen] sind unbedingt einen Besuch wert. Bemerkenswert ist die architektonische Mischung aus Alt und Modern in der für Hamburg typischen Rotklinkerbauweise. Nur ein paar Schritte, und schon sind Sie an der **Elbe.** Am Ufer gegenüber liegen Schönheitssalons der besonderen Art: die Docks der Traditionswerft Blohm + Voss – mal sehen, welche See-Prominenz da gerade einen neuen Anstrich bekommt. Kinder, aufgepasst! Wer gerade am Fluss steht, schaut nach links und sieht – richtig: ein U-Boot!

Spionageboot und Hawaii-Feeling

Das **U-434** stand noch bis April 2002 im Dienst der russischen Marine als Spionageboot, jetzt bietet es großen und kleinen Hobbynautikern Einblick in das Innenleben eines Unterseeboots. Ganz schön eng, wenn man bedenkt, dass hier über viele Wochen eine 82-Mann-

Entdecker-Tour

*Wer in Hamburg das volle Programm genießen möchte, kommt um eine Fahrt mit dem roten **Doppeldecker-Bus,** einem **Alsterdampfer** und einer **Hafenbarkasse** nicht herum. Mit dem Kombiticket „Entdecker-Tour" haben Sie an drei Tagen die Möglichkeit, jeweils eine Fahrt mit den drei touristischen Verkehrsmitteln nach Lust und Laune in Anspruch zu nehmen. Außerdem können Sie das urige **Teekontor** bei den Krameramtsstuben (siehe S. 47) besichtigen und an der Teeverkostung teilnehmen. Das Ticket (Erw. € 30, Kinder bis 12 J. € 10) kann in der Touristeninformation am Hauptbahnhof gekauft oder unter Tel. 040-30 05 16 66 bestellt werden.*

Besatzung arbeiten und leben musste. Die Besichtigung auf eigene Faust ist erlaubt, aber während einer Führung (mit Aufpreis, Dauer: eine knappe Stunde) erfahren Sie mehr über Technik, die spartanischen Lebensumstände auf und unter dem Wasserspiegel und vielleicht auch das eine oder andere russische Staatsgeheimnis [U-Bootmuseum Hamburg GmbH, St. Pauli Fischmarkt 10, 20359 Hamburg, Tel. 040-32 00 49 34, www.u-434.de. Mo-Sa 10-18, So 11-18 Uhr, Erw. € 9, Kinder (6-12 J.) € 6, Fam. ab € 20, Führung € 4/Pers. Achtung: kein Zugang mit Stöckelschuhen und Kinderwagen].

Wieder am Kai sind alle froh, wieder die frische Brise zu spüren. Wie wär's mit einer Verschnaufpause unter Palmen? Ein paar Meter weiter, hinter dem großen Parkplatz, liegt **StrandPauli** – ein Beachclub mit Blick auf Wasser und die Werft. Hier kann die ganze Familie Energie tanken: barfuß im warmen Sand wühlen, im Liegestuhl in die Sonne blinzeln, Möwen beobachten und die einfahrenden Pötte zählen. Einen kleinen Snack oder leckeren Cocktail (natürlich auch alkoholfrei) gibt's ebenfalls [Hafenstr. 89, 20359 Hamburg, Tel. 0178-520 31 23, www.strandpauli.de. Mai-Sep Mo-Sa 12-23, So, Feiertage ab 10 Uhr].

Alte Technikwunder und schwimmende Biergärten

Frisch gestärkt, spazieren Sie weiter Richtung Innenstadt. Linker Hand in den historischen Gebäuden auf dem Hügel haben u. a. das Tropeninstitut, das Bundesamt für Seeschifffahrt und Hydrographie sowie der Deutsche Wetterdienst ihren Sitz. Von dort oben,

Mit etwas Glück sind Sie dabei, wenn ein Kreuzfahrtriese ausläuft

> ## Venedig des Nordens
> Venedig ist wohl die europäische Stadt, die einem als Erstes in den Sinn kommt, wenn von vielen Kanälen und Brücken die Rede ist. Doch die meisten **Brücken** besitzt Hamburg, nämlich rund 2.500 (siehe S. 121). Ursprünglich waren die meisten Überführungen aus Holz. Nach dem großen Brand 1842 ließ sie Brückenbaumeister Johann Hermann Maack aus Stein bauen. Die Hochstraße Elbmarsch ist mit 4,2 Kilometern die längste Deutschlands. Die älteste von allen ist die Zollenbrücke, die 1633 gebaut wurde.

von der Hafenkrone, können Sie eine schöne Aussicht über den Hafen genießen, zuerst müssen Sie allerdings die große Treppe erklimmen (wer die Stufen zählt, bekommt später ein Eis!). Auf der rechten Seite sehen Sie bestimmt schon das Granitgebäude mit vier großen Türen und einem Kuppeldach – das ist der **Alte Elbtunnel**, der St. Pauli mit der Insel Steinwerder verbindet und immer noch in Betrieb ist. Als er im Jahre 1911 eröffnet wurde, war er eine technische Sensation: Vier Aufzüge bringen Pkws 22 Meter tief zu den beiden 427 Meter langen, gekachelten Tunneln (kostenpflichtig). Fußgänger und Radfahrer können hier sogar rund um die Uhr und gratis die Norderelbe unterqueren. Die alte Abfertigungshalle, ebenfalls unter Denkmalschutz, wurde gerade saniert und erstrahlt seit 2011 in neuem

Glanz. Das Gebäude mit der Turmuhr gehört zu den Wahrzeichen der Hansestadt.

Ordentlich was los ist auf der Promenade, von der die beweglichen Stege, die Pontons, zu den **Landungsbrücken** führen. Hafenfähren, Rundfahrtschiffe und der Helgoland-Katamaran legen hier an. Auf den Pontons befinden sich auch diverse Restaurants und Biergärten. Die Promenade wird von zahlreichen Kiosken gesäumt, in denen Sie Souvenirs, Ansichtskarten und Fischbrötchen oder nach Belieben eine deftige Currywurst erstehen können. Hier gibt es auch Tickets für die Hafenrundfahrten.

Auge in Auge mit den großen Pötten

Es gibt viele Möglichkeiten, den Hafen von der Wasserseite aus zu besichtigen.

Von größeren Schiffen hat man zwar eine gute Sicht, die Barkassen befahren allerdings auch je nach Wasserstand die kleinen Kanäle und die Speicherstadt (siehe S. 42). Alle haben eines gemeinsam: erfahrene Kapitäne, die mit viel Humor und Fachkenntnis über den Hafen und dessen Geschichte plaudern. Die Boote fahren im Sommer als „Cabriolets", im Winter sind sie meist beheizt. Es gibt diverse Anbieter von **Hafenrundfahrten**. Die Barkassen und Fahrgastschiffe von **Kapitän Prüsse** beispielsweise legen an Brücke 3 ab. Die eineinhalbstündige „Hafenrundfahrt Kompakt" führt durch die Speicherstadt (abhängig vom Wasserstand), HafenCity, Schleusen und Kanäle, an den Werften vorbei zum Container-Terminal Altenwerder, Waltershofer Hafen mit seinen Ozeanriesen und wieder auf die Elbe, vorbei an Övel-

Die Röhre des Alten Elbtunnels ist hell erleuchtet und mit Schmuckkacheln verziert

gönne, der Hafenkante und zurück. Die Gäste an Bord erfahren nicht nur technische und wirtschaftliche Details über den Hamburger Hafen, sondern erleben ein ganz besonderes Sightseeing: Wenn die Barkasse unmittelbar an einem riesigen Containerschiff vorbeischippert, sind nicht nur die kleinen Passagiere baff [Kapitän Prüsse Hafenrundfahrten, Tel. 040-31 31 30, www.kapitaen-pruesse. de. Feste Abfahrtszeiten: Mo-Fr 11 und 14 Uhr, Sa, So, Feiertage stündlich 11-15 Uhr sowie nach Bedarf, Erw. € 12,50, Kinder (bis 12 J.) € 6]. Wer sich weniger für den Hafen, dafür mehr für die Stadt und deren Geschichte interessiert, kann sich zum Beispiel für die Historische Fleetfahrt oder eine Kanalfahrt entscheiden – fragen Sie bei den Anbietern an den Landungsbrücken nach.

Seemannskirchen und Tapas

Eine Bootsfahrt macht sicher hungrig. Machen Sie doch einen kurzen Abstecher ins **Portugiesenviertel** gleich auf der anderen Straßenseite. In den 1960er-Jahren war hier das Hauptquartier der portugiesischen Einwanderer. Heute ist das Viertel beliebt sowohl bei Touristen als auch bei Einheimischen, die in den zahlreichen Restaurants gern mittags und abends speisen. Von leckeren Tapas bis hin zum üppigen All-you-can-eat-Buffet – hier findet jeder hungrige Seemann das Richtige.

Doch mitten in Klein-Portugal wird's auf einmal nordisch: In der Ditmar-Koel-Straße stehen vier **skandinavische Seemannskirchen**, die zugleich die Kulturzentren Finnlands, Norwegens, Schwedens und Dänemarks sind. Zur Weihnachtszeit werden hier abwechselnd große Basare mit landestypischen Spezialitäten und Kunsthandwerk veranstaltet. Beim Flanieren durch die kleinen Straßen werden Sie auch den einen oder anderen hübschen Souvenirladen entdecken.

Das gehört zum Hamburg-Pflichtprogramm: eine Barkassenfahrt im Hafen

Tour 2: Die Geburt eines Stadtteils und fliegende Teppiche

HafenCity – Speicherstadt

Wo: HafenCity und Altstadt – Wie: zu Fuß – Dauer: Tagesausflug – Nicht vergessen: Fotoapparat

Die zweite Tour führt Sie zurück in Hamburgs Vergangenheit und bietet Einblicke in die Zukunft der Metropole. Am Elbufer gegenüber dem Hafen liegt die **Speicherstadt**, ein Gebäudekomplex, der zu den ältesten der Hansestadt gehört und von ihrer einstigen großen Bedeutung als Warenumschlagsplatz und ihrer kaufmännischen Vergangenheit zeugt. Direkt dahinter entsteht in einem ehemaligen Hafenbereich ein völlig neuer Stadtteil, die **HafenCity**, ein von modernem Design und umweltfreundlicher Bauweise geprägter Stadtteil. Obwohl er noch reichlich mit Baukränen gespickt ist, füllt er sich zunehmend mit Leben: Cafés sprießen wie Pilze aus dem Boden, und Kinderlachen ertönt vom Hof der vor Kurzem eröffneten Schule – der sich spektakulärerweise auf dem Dach des Gebäudes befindet. Sowohl die HafenCity als auch die Speicherstadt beherbergen ein solche Fülle von Attraktionen und sehenswerten Plätzen, dass Sie mehrere Tage brauchen, wenn Sie den Stadtteil ausführlich erkunden möchten. Sie müssen sich also entscheiden, ob Sie an einem Tag nur ausgewählte Adressen

Vom ViewPoint haben Sie einen guten Überblick über die HafenCity

aufsuchen oder die Tour auf zum Beispiel zwei Tage verteilen.

Architekturwunder und Kreuzfahrtschiffe

Die HafenCity erreichen Sie bequem mit dem Metrobus der Linie 3, 4 oder 6 (Richtung HafenCity, Haltestellen Magellan-Terrassen/Marco-Polo-Terrassen). Wenn Sie den Großen Grasbrook Richtung Elbe hinuntergehen, stoßen Sie auf den **ViewPoint.** Von diesem orangefarbenen Turm kann man die Kreuzfahrtschiffe am **Cruise Center** beobachten und sich einen Überblick über den noch im Entstehen begriffenen Stadtteil verschaffen. Eine Schautafel und ein Fernrohr erleichtern die Orientierung. Von hier aus können Sie auch einige der spektakulärsten Bauten der HafenCity bewundern: den markanten,

Blickfang in der HafenCity: die eigenwillige Fassade des Marco Polo Tower

weißen **Marco Polo Tower** (ein Hochhaus mit Apartments und Büroflächen) und die **Elbphilharmonie** – das Leuchtturmprojekt der HafenCity. Ein Besuch des **Infopavillons** auf den Magellan-Terrassen lohnt sich – eine Ausstellung informiert über die Architektur und die Nutzung der Elbphilharmonie. Das Highlight steht im zweiten Stock: eine 1:10-Nachbildung des Konzertsaals. Das Modell diente als Planungsinstrument – der Akustiker Yasuhisa Toyota führte an ihm Klang- und Nachhallmessungen durch. Ihre Kinder werden draußen an der Fassade die aus der Wand ragenden Hör- und Sehrohre erkunden. Welche Überraschungen die wohl enthalten [Elbphilharmonie-Pavillon, Magellan-Terrassen in der HafenCity, Großer Grasbrook, 20457 Hamburg, www.elbphilharmonie.de/pavillon.de. Ausstellung im Erdgeschoss: April-Okt tgl. 9-20, Nov-März tgl. 9-18 Uhr, Modell im 2. Stock: Do-So 10-17 Uhr. Eintritt frei]?

Seefahrer und Schatzinseln

Wenn Sie sich für die Seefahrt interessieren, sollten Sie unbedingt das **Internationale Maritime Museum** ein paar Straßen weiter besuchen [Kaispeicher B, Koreastr. 1, 20457 Hamburg, Tel. 040-300 92 30-0, www.internationales-maritimes-museum.de. Di-So 10-18, Do bis 20 Uhr, Erw. € 12, Kinder € 8,50, Fam.: 1 Erw u. Kinder (6-18 J.) € 14, 2 Erw. u. Kinder € 24]. Auch kleine Nautiker kommen hier voll auf ihre Kosten. Spezialführungen und Aktivitäten in der „Forschungsstation", dem Labor auf Deck 7, und im „Schwimmenden Klassenzimmer" auf Deck 1 lüften so manches Meeresgeheimnis. Spannend ist es auch, den Modellbauern und Restaurateuren bei der Arbeit zuzuschauen. Themenausstellungen informieren außerdem u. a. über Navigation, Schiffbau, Handel- und Passagierschifffahrt und Piraten. Das Museum bietet auch Themenführungen für Kinder an [€ 4 zzgl. Eintritt]. Gleich in der Nähe steht eine Statue des berühmt-berüchtigten Piraten **Klaus Störtebeker** (siehe Kasten S. 41), der hier auf dem Grasbrook angeblich hingerichtet worden sein soll. Können Ihre Kinder die Inschrift auf dem Sockel entziffern? Wer genug von Modellen und Museumsausstellungen hat und an die frische Luft will, der bummelt über die **Marco-Polo-Terrassen**, den größten Platz der HafenCity und sommerlicher Treffpunkt von Straßenkünstlern. Flanieren Sie an der **Dalmannkaipromenade** entlang. Dort treffen sich in den Cafés Angestellte der umliegenden Firmen, die ersten Einwohner der HafenCity und Touristen, um hier die Mittagspause zu verbringen oder einen Cappuccino zu trinken.

Der Robin Hood der Meere

*Die Geschichte **Klaus Störtebekers** („Stürz den Becher" – den Namen verdankte er angeblich seiner Trinkfestigkeit) ist eng mit der Geschichte Hamburgs und der Hanse verwoben. Der berühmte Freibeuter und seine Truppe, die Likedeeler („Gleichteiler"), waren der Schrecken der Nord- und Ostsee im späten 14. Jahrhundert. Mal im königlichen Auftrag, mal um die Beute unter den Armen zu verteilen, kaperten sie die Hanseschiffe. 1401 gelang es den hanseatischen Söldnern endlich, Störtebeker und seine Männer zu fangen und nach Hamburg zu bringen. Der Sage nach versprach der Bürgermeister vor der Hinrichtung Störtebekers, alle Piraten freizulassen, an denen er kopflos noch vorbeizugehen vermochte. Prompt lief der enthauptete Pirat an elf Männern vorbei, bis der Henker ihm seinen Richtblock vor die Füße warf. Das Versprechen wurde aber gebrochen, und alle 73 Seeräuber hingerichtet.*

Schatzinsel zum Spielen

Wenn Ihre Kinder jetzt Lust auf Spiel und Spaß haben, hat die HafenCity einen ganz besonderen Spielplatz parat. Die **Schatzinsel** am Großen Grasbrook wurde von Architekten, Eltern und Kindern entworfen. Platz und Gerätschaft zum Toben gibt's genug: Im Sommer kann kind im Wasser planschen (an Kleidung zum Wechseln denken!), und an kalten Tagen bietet das Spielhaus Spielspaß im Warmen und Trockenen. Highlight des Spielplatzes ist ein Spielboot, das in einem See aus blauen Holzschnitzeln treibt. Und nicht zu vergessen die Kulisse: Wenn Sie Glück haben, können Sie einen prominenten Meeresriesen am Kai bestaunen, während Ihre Kids die Störtebekers Abenteuer nachspielen. Der Spielplatz soll demnächst an seinen eigentlichen Bestimmungsort im noch entstehenden **Grasbrookpark** umziehen [Info: Spielhaus HafenCity e. V., Am Kaiserkai 7, 20457 Hamburg, Tel. 0172-407 52 12, www.spielhaus.hafencitynews.de]. Wer Näheres über das Projekt HafenCity und den Baufortschritt erfahren möchte, stattet dem **HafenCity InfoCenter** im ehemaligen Kesselhaus (siehe Kasten S. 43) der Speicherstadt einen Besuch ab [Am Sandtorkai 30, 20457 Hamburg, Tel. 040-36 90 17 99. Di-So 10-18, Mai-Sep Do bis 20 Uhr, Eintritt frei].

Klaus Störtebeker machte die Nord- und Ostsee unsicher

Früher Feuerwehr- und Zollposten, heute Bistro: das Fleetschlösschen

Fliegende Teppiche

Nun ist Zeit, die modernen Architekturwunder hinter sich zu lassen, und in die Geschichte Hamburgs einzutauchen. Zwischen dem Zollkanal und dem Sandtor- und Brooktorkai liegt die **Speicherstadt.** Wo sich ursprünglich die Wohnviertel Kehrwieder und Wandrahm mit teils prachtvollen Barockhäusern befanden, wurden von 1885 bis 1927 in drei Bauphasen Freihafen-Speicher entlang der Kanäle errichtet, wo Waren zollfrei zwischengelagert werden konnten. Der Zollkanal trennte den zusammenhängenden Lagerhauskomplex von der Stadt. Spazieren Sie einfach mal ein Stück zwischen den markanten Rotklinkergebäuden mit ihren Kupferdächern – schnell gewinnen Sie einen ersten Eindruck von der historischen

Speicherstadtatmosphäre. An den Giebeln auf der Kanalseite können Sie Seilwinden entdecken – Vorrichtungen, mit denen die Waren von Barkassen direkt auf die Speicherböden gehievt wurden. Der Großteil der Lager wird heute von arabischen Teppichhändlern genutzt. Die Woll- und Seidenteppiche sind mehrere Milliarden Euro wert und werden u. a. in die USA, nach Australien oder Südafrika verschifft. Gelagert wurden hier außerdem Kaffee- und Kakaobohnen, Tee, Baumwolle, Tabak und Gewürze. Mehr zu Letzteren erfahrenen Sie im **Gewürzmuseum.** Hier können Sie

Ein Schlösschen am Fleet

*Eine kleine Perle der Speicherstadt ist das **Fleetschlösschen.** Das kleine, rote Gebäude direkt am Brooktorkai macht seinem Namen alle Ehre, dabei diente es ursprünglich als Feuerwehrposten und Zöllnerhäuschen, heute beherbergt es ein charmantes Café-Bistro mit einer sehr privaten Atmosphäre. Im Sommer bietet die Terrasse einen schönen Ausblick und eine kühle Brise. Auf der Speisekarte stehen leckere Tagessuppen, Wraps und Salate sowie Kaffeespezialitäten – alles zu annehmbaren Preisen. Einziges Manko: Hochstühle für Babys stehen leider nicht zur Verfügung. Brooktorkai 17, 20457 Hamburg, Tel. 040-30 39 32 10, www.fleetschloesschen.de. Mo-Sa 10-22, So 10-18 Uhr.*

Energie
für die Speicherstadt

*Das **Kesselhaus** versorgte früher
die gesamte Speicherstadt mit
Energie. Riesige Kessel wurden
mit Kohle angeheizt und der
dabei entstandene Dampf
lieferte den Wasserdruck für den
hydraulischen Windenantrieb.
Von hier aus wurde auch die
Stromversorgung des Viertels
gesteuert. Heute befindet sich in
dem Gebäude ein InfoCenter,
in dem Besucher u. a. die HafenCity en miniature bewundern
können (siehe S. 41).*

Ihren Kindern zum Beispiel zeigen, wie
Vanille gewonnen oder Kaffee geröstet
wird und wie es vor 100 Jahren gemacht
wurde. Sie selbst werden sicher über die
kuriosen antiken Geräte staunen. Anfassen, riechen und probieren der über 50
ausgestellten Gewürze ist ausdrücklich
erlaubt! 900 Exponate, Themenausstellungen und Veranstaltungen vertiefen
das Wissen rund um die bunten Aromen
[Spicy's Gewürzmuseum, Am Sandtorkai
32, 20457 Hamburg, Tel. 040-36 79 89,
www.spicys.de. Di-So 10-17 Uhr, Juli-Okt
auch Mo, Erw. € 3,50 (inkl. Gewürzpro-
be), Kinder (bis 12 J.) € 1,50 (inkl. Gum-
mibärchen)].

Zu viel für einen Tag
Wenige Schritte entfernt ballen sich die
Attraktionen, die es sich zu besuchen
lohnt – ein Tag reicht dafür allerdings
bei Weitem nicht. Das **Miniatur Wunderland** beherbergt nach eigenen Anga-
ben die größte Miniatureisenbahnanlage
weltweit – Städte, Länder und Sehens-
würdigkeiten aus der ganzen Welt wurden hier nachgebaut (siehe S. 89). Im
Hamburg Dungeon werden Sie auf eine
gruselige Zeitreise durch die Geschichte
der Hansestadt geschickt (siehe S. 97),
und im **Dialog im Dunkeln** können Sie
die Welt der Blinden entdecken – in
komplett abgedunkelten Räumen sind
Sie ganz auf Ihr Gehör, Ihren Geruchs-
und Tastsinn angewiesen. Natürlich
bekommen Sie bei dem Rundgang durch
die Ausstellung eine kompetente Begleitung zur Seite gestellt (siehe S. 102).
Was passiert eigentlich mit altem
Spielzeug, wenn keiner mehr damit
spielen will? Meistens landet es auf dem
Dachboden. Ein solcher befindet sich
direkt unter dem Miniatur Wunderland.
Die **Dachbodenbande**, nach der das
zauberhafte Spielzeugmuseum in der

*Warenlager auf Hamburgisch: roter
Klinker statt Beton*

Speicherstadt benannt ist, besteht aus Pinguin Otto, Katze Gerda, Katzenkind Mitzi, Bär Hermann, Affe Fritz, Bärin Emilie und Hase Karl. Sie wohnen in dem 450 Quadratmeter großen Erlebnisraum voller Schätze und Erinnerungen aus 200 Jahren Spielzeuggeschichte, und bewachen Tausende von Exponaten, die hier in Kommoden, Regalen, Truhen und Schubladen versammelt sind. Ein unvergessliches Erlebnis für Kinder von 2 bis 99 Jahren [Kehrwieder 4, 20457 Hamburg, Tel. 0172-329 32 50, www. dachbodenbande.de. Tgl. 10-18 Uhr, Erw. € 6, Kinder € 3, Fam.: 1 Erw. u. 2 Kinder € 10, 2 Erw. u. bis zu 3 Kinder € 12].

Von Quartiersleuten und Ewerführern

Möchten Sie mehr über das Baudenkmal und die Arbeitsstätte Speicherstadt erfahren? Dann sollten Sie sich das **Speicherstadtmuseum** nicht entgehen lassen. Historische Fotos und Pläne, nachgebaute Lagerhallen und antike Maschinen versetzen Sie in die Welt der Quartiersleute, Ewerführer und Kaufleute des

Ein Stück ursprüngliches Hamburg wurde in der Deichstraße bewahrt

späten 19. und frühen 20. Jahrhunderts Das Museum bietet auch Führungen und Rallyes für alle Altersgruppen, zum Beispiel die Entdeckertour, einen Familienrundgang mit Museumsführung [St. Annenufer 2, 20457 Hamburg, Tel. 040-32 11 91, www.speicherstadtmuseum.de. April-Okt Mo-Fr 10-17, Sa, So, Feiertage bis 18, Nov-März Di-So 10-17 Uhr, Erw. € 3,50, Kinder (6-16 J.) € 2. Familienrundgang: Termine siehe Homepage, Treffpunkt jew. 10.30 Uhr vor dem Speicherstadtmuseum, Erw. € 8, Kinder € 6, Anmeldung empfohlen telefonisch oder über info@speicherstadtmuseum.de].

Blick zurück

Zum Abschluss spazieren Sie über eine der Brücken Richtung Innenstadt und blicken noch einmal zurück. Aus der Perspektive bietet sich eine hervorragende Aussicht auf die Speicherstadt. Das letzte Ziel der Tour ist die Deichstraße. Am **Nikolaifleet** hinter der Häuserzeile (zwischen den Häusern finden Sie einen schmalen Durchgang) hatte der Hamburger Hafen 1189 seinen Ursprung. Es ist einer der wenigen Kanäle, die nicht künstlich angelegt wurden, sondern ein Nebenarm der Alster sind. Am nördlichen Ende der **Deichstraße**, am Haus Nr. 38, brach der Große Brand von 1842 aus (siehe S. 121). Einige Gebäude wurden vom Feuer verschont und überlebten selbst die Bombenangriffe des Zweiten Weltkriegs. Falls Sie jetzt Hunger verspüren, kehren Sie in eines der vielen Restaurants ein, von denen einige mit Hamburger Küche und hanseatischem Ambiente (zum Beispiel Das Kontor, Deichgraf oder Alt Hamburger Aalspeicher) locken.

Tour 3: Der Stadtgeschichte auf der Spur

*BallinStadt • Krameramtsstuben/Michel • Wallanlagen •
Planten un Blomen*

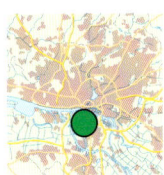

Wo: Hafen und Neustadt – Wie: mit der Fähre und zu Fuß – Dauer: Tagesausflug – Nicht vergessen: windfeste Kleidung (Barkassenfahrt)

Sprungbrett in die Neue Welt

Die heutige Tour beginnt an der Landungsbrücke 10 [U 3, S 1-3 Landungsbrücken], wo alle zwei Stunden eine **Barkasse** in Richtung BallinStadt startet [Maritime Circle Line, Tel. 040-28 49 39 63, www.maritime-circle-line.de. Abfahrten tgl. alle 2 Std. 10-18 Uhr, Ticket gilt für die gesamte Rundfahrt unabhängig von der Zahl der Zwischenstopps, Erw. € 8 (2 Kinder bis 6 J. inkl.), Kinder (7-15 J.) € 5]. Die erste Etappe der Rundfahrt dauert 35 Minuten und führt an den großen Docks der Werft Blohm + Voss und am Container-Terminal vorbei. Über den hinteren Hafen, der früher von der Binnenschifffahrt genutzt wurde, gelangen Sie zur **BallinStadt**, Hamburgs Auswanderermuseum. Fünf Millionen Menschen entschieden sich vor ca. 100 Jahren für einen großen Schritt – sie wanderten von Hamburg aus in die Neue Welt, um Arbeit und Glück zu finden. Die Auswandererhallen auf der Elbinsel Veddel, die der Großreeder Albert Ballin zwischen 1898 und 1901 errichten ließ, waren die letzte Station, bevor diese

In der BallinStadt warteten Auswanderer auf ihre Schiffspassage

Menschen – meist für immer – Europa den Rücken kehrten. Vor einigen Jahren wurden drei Pavillons originalgetreu und mit viel Liebe zum Detail neu errichtet. Warum wollten all die Leute ihre Heimat verlassen? Welche Strapazen mussten sie auf sich nehmen? Haben sie ihr Glück gefunden, oder sind sie gescheitert? Das Auswanderermuseum hält auf all diese Fragen Antworten parat. Und noch viel mehr: Von hier aus haben Sie die Möglichkeit, kostenfrei nach Ihren Ahnen zu forschen. An Terminals haben Sie Zugriff auf vollständige Passagierlisten und ein weltweites Datenbank-Netzwerk. [Veddeler Bogen 2, 20539 Hamburg,

Tel. 040-319 79 16-0, www.ballinstadt.
de. April-Okt tgl. 10-18, Nov-März tgl.
10-16.30 Uhr, letzter Einlass 1 Std. vorher, Erw. € 12, Kinder (5-12 J.) € 7, Fam.
(2 Erw. u. 2 Kinder) € 25].

Mit der **Maritime Circle Line** kommen
Sie über die Stationen Hafenmuseum,
HafenCity und Speicherstadt, vorbei an
der Cap San Diego (siehe S. 98) wieder
zurück zu den Landungsbrücken [Fahrt-
dauer: ca. 1 Std., Abfahrten alle 2 Std.
10.35-16.35 und 18.30 Uhr].

Von hier aus geht's links an dem
futuristischen, schiffsähnlichen Sitz
des Verlags Gruner + Jahr Richtung
Michel (siehe S. 95). Gleich neben der
2010 renovierten Barockkirche befindet sich ein kleines Überbleibsel der
historischen Baustruktur Hamburgs.

Zitronenjette

*An der Ludwig-Erhard-Straße
neben dem Michel steht eine
bronzene Statue, die eine Frau
mit Korb darstellt. Es ist das
Hamburger Original Henriette
Johanne Marie Müller (1841-
1916), die ihren Lebensunter-
halt mit dem Verkauf von
Zitronen verdiente. Mit dem
Ruf „Zitroon, Zitroon!" zog sie
durch die Straßen und Kneipen
Hamburgs. Die kleine, robuste
Frau mit der charakteristischen
platten Nase wurde oft von
Kindern gehänselt und gilt als
das weibliche Pendant zum
Wasserträger Hans Hummel.
Der Zeigefinger der linken Hand
der Statue ist blank poliert:
Angeblich soll es Glück bringen,
wenn man ihn berührt!*

*Denkmal für ein Hamburger Original:
die Zitronenjette*

Die schmale Gasse am Krayenkamp 10
(Sie müssen durch die winzige Torein-
fahrt des Fachwerkgebäudes gehen)
vermittelt einen Eindruck, wie eng die
Wohnverhältnisse damals waren. Die
Fachwerkhäuser stammen noch aus dem
17. Jahrhundert – sie überstanden den
Großen Brand von 1842 und sind die
älteste Reihenhaussiedlung der Welt. Ab
1796 wohnten hier Witwen der Kramer
(Kleinhändler). Eine original eingerichte-
te **Krameramtswohnung** aus dem späten
19. Jahrhundert kann sogar besichtigt
werden [Krayenkamp 10-11, 20459 Hamburg, Tel. 040-37 50 19 88, www.ham
burgmuseum.de. Sa-So 10-17 Uhr, Erw.
€ 3, erm. € 2]. Die malerische Gasse wird

von Läden mit Souvenirs, Hamburger Spezialitäten und einem Restaurant mit original Hamburger Küche, **Zu den alten Krameramtsstuben am Michel** [Krayenkamp 10, 20459 Hamburg, Tel. 040-36 58 00, www.krameramtsstuben.de. Tgl. 10-24 Uhr], wo Sie auch gut die Mittagspause verbringen können, ergänzt.

Museum im Bollwerk

Nachdem Sie auch dem Michel (siehe S. 95) und der **Zitronenjette** (siehe Kasten S. 46) einen Besuch abgestattet haben, führt Ihr Weg weiter die Ludwig-Erhard-Straße entlang in Richtung Große Wallanlagen (die „Zitronenjette" weist Ihnen mit ihrem Finger den Weg). Wenige Hundert Meter entfernt befindet sich das **Hamburgmuseum** [Holstenwall 24, 20355 Hamburg, Tel. 040-42 81 32-23 80, www.hamburgmuseum.de. Di-Sa 10-17, So bis 18 Uhr, Erw. € 8. Kinder frei]. Das imposante Backsteingebäude wurde an der Stelle der ehemaligen Henricus-Bastion, einem Teil der barocken Befestigungsanlage, errichtet. Auf vier Etagen können Sie historische Kostüme, alte Musikinstrumente, Puppenhäuser und zahlreiche Ausstellungen zur Geschichte Hamburgs vom Mittelalter bis ins 20. Jahrhundert bewundern. Klingt langweilig für Ihre Kinder? Das ist es keinesfalls, denn sie bekommen eine eigene Führerin: die Museumsratte. An 41 Stationen im ganzen Museum wartet sie mit spannenden Anekdoten und interessanten Infos auf kleine Besucher. Außerdem bietet das Mseum einstündige Familienführungen „Was? Wie? Wo? Ach so!" an [Sa u. So 13-14 Uhr, ab 5 J., mit und ohne Eltern, ohne Anmeldung]. Wenn sich Ihr Nachwuchs trotzdem nicht für Geschich-

te begeistern kann, kann er sonntags bei der offenen Mal- und Bastelstunde mitmachen, während Sie in Ruhe durch die Ausstellungen schlendern [So 14-16 Uhr, Materialgeld € 2].

Dass Hamburg noch bis ins 19. Jahrhundert Wallanlagen besaß, kann man jetzt nur noch erahnen, denn es gibt keine Mauerreste. Wenn Sie allerdings einen Blick auf den Hamburger Stadtplan werfen, können Sie am Lauf des Ring 1 erkennen, wo sich die Wallanlagen einst befanden. Die Festungsmauer verlief sogar durch die Alster (wo sich heute die Kennedy- und die Lombardsbrücke befinden) und teilte die in Binnen- und Außenalster. Zwischen 1820 und 1837 wurden die Wallanlagen beseitigt – die französische Besatzung war zu Ende, und die Stadt wollte sich ausdehnen. Die Gräben wurden zugeschüttet und die Mauern abgetragen. Im Westen und

---

10 Museen in 2 Tagen

Die Stiftung Historische Museen Hamburg bietet eine **Kombicard** *an: Für € 12 können Sie in zwei Tagen zehn Museen besuchen. Dazu gehören: Altonaer Museum, Archäologisches Museum Hamburg/ Helms-Museum, Hafenmuseum Hamburg, Jenisch Haus, Krameramtswohnung, Museum der Arbeit, Museum für Bergedorf und die Vierlande, Hamburgmuseum, Rieck-Haus, Speicherstadtmuseum. Die Kombicard erhalten Sie an den Kassen der beteiligten Museen.*

Norden erstrecken sich an diesen Stellen relativ weitläufige Grünflächen: Große und Kleine Wallanlagen sowie Alter Botanischer Garten. Die Zickzack-Anordnung der kleinen Teiche deutet noch auf den Verlauf des ehemaligen Grabens hin. Direkt hinter dem Museum wölbt sich ein riesiges Viermast-Chapiteau – es sind die **Fliegenden Bauten**, ein Theater- und Restaurantzelt, in dem nicht nur internationale Körperkunst, Kleinkunst und Konzerte auf dem Programm stehen, sondern auch kulinarische Köstlichkeiten gereicht werden. Es gibt auch Veranstaltungen für Kinder – das aktuelle Programm finden Sie auf der Homepage [Glacischaussee 4, 20359 Hamburg, Ticketreservierung Tel. 040-881 41 18 80, Tischreservierung Tel. 040-39 88 14-22 (Mo-Sa 10-19, So 12-19 Uhr), www.flie gende-bauten.de. Rechtzeitig reservieren. Preise variieren je nach Veranstaltung]. Gleich nebenan finden Sie eine **Minigolf- und Trampolinanlage** [Info: Tel. 040-319 45 16. 21. März-30. Sep tgl. 10-21 Uhr. Minigolf: Erw. € 3, Kinder € 2, Trampolin: € 1/10 Min.]. Ein paar Meter weiter gibt es eine **Töpferstube**, in der Kinder ab vier Jahren unter fachlicher Anleitung kreativ werden können [Mai-Aug Mo-Fr 14.30-18.30 Uhr. Spende erwünscht].

Pirouetten im Park

Im Winter kommen Sie an der **Indoo Eisarena**, Europas größter Kunsteisbahn unter freiem Himmel, nicht vorbei. Hier können Sie auf einer 4.300 Quadratmeter großen Fläche zu Musik Pirouetten drehen und Kreise ziehen. Wenn Sie das Eis lieber Ihren Kindern überlassen möchten: In der Arena gibt es auch ein Café und eine beheizte Lounge. Im Sommer verwandelt sich der Platz in eine frei zugängliche **Rollschuhbahn** [Holstenwall 30, 20355 Hamburg, Tel. 040-319 35 46, www.eisarena-hamburg. de. Nov-März tgl. 10-22, April-Okt tgl. 9-21 Uhr. Erw. € 4,50, Kinder (bis 16 J.) € 3,50, Fam. (außerhalb der Ferien) € 11,80, Schlittschuhverleih € 4.90 (alle Preise für 2,5 Std.)].

Alle vier Monate (März/April, Juli/Aug und Nov/Dez) findet auf dem Heiligengeistfeld (gegenüber den Fliegenden Bauten) Norddeutschlands größtes Volksfest statt – der **Hamburger Dom**. Seine Ursprünge reichen bis ins 11. Jahrhun-

Familiencafé

*Unweit des Heinrich-Hertz-Fernsehturms (auch „Tele-Michel" genannt) und nahe dem Schanzenpark (siehe S. 119) liegt die **SternChance**, ein kinderfreundliches Café und Kulturhaus. Einladende Räume mit einer Spielecke für Kinder, ein großer Garten mit Terrasse und Spielplatz sowie sehr moderate Preise dürften besonders Familien überzeugen. Im Winter flackert im Gastraum ein gemütliches Kaminfeuer. Ob Mittagsbuffet (Di-Fr 12-16 Uhr), Abendbrot oder Brunch am Sonntag (ab 10 Uhr) – kleine und große Genießer kommen bestimmt auf ihre Kosten. Schröderstiftstr. 7, 20146 Hamburg, Tel. 040-430 11 68, www.sternchance.de. Di-Fr 11-24, Sa, So 10-21 Uhr.*

Keine Töne, sondern farbig angestrahlte Fontänen erzeugt die Wasserlichtorgel

dert, als Händler, Handwerker und Gaukler im Hamburger Mariendom Schutz vor Regen und Sturm suchten. Der Markt blieb im Dom, bis dieser 1804 abgerissen wurde. Seit 1893 ist das Heiligengeistfeld der offizielle Standort der Kirmes. Es ist voll, bunt und laut – nicht jedermanns Sache, aber aus Kinderperspektive ist der Besuch eindeutig ein Pflichttermin. Mittwoch ist Familientag mit ermäßigten Preisen, und freitags erhellt ab 22.30 Uhr ein Großfeuerwerk den Hamburger Himmel, das fast in der ganzen Innenstadt sichtbar ist. Ermäßigungen gibt es auch mit den HVV-Tageskarten: Eine Person zahlt, die zweite fährt kostenlos mit (gilt zweimal pro Fahrkarte) [Termine 2011: 29.07.-28.08. und 04.11.-04.12. Mo-Do 15-23 (Sommerdom bis 00.30), Fr-Sa 15-24, So 14-23 Uhr].

Pflanzen und Blumen

Lassen Sie den Tag in der Natur ausklingen – mitten in der City. **Planten un Blomen** (Plattdeutsch für Pflanzen und Blumen), ein botanischer Garten, zu dem auch die Großen und Kleinen Wallanlagen gehören, bietet Kurzweil für die ganze Familie: Tropen- und Schaugewächshäuser [März-Okt Mo-Fr 9-16.45, Sa, So 10-17.45, Nov-Feb Mo-Fr 9-15.45, Sa, So 10-15.45 Uhr. Eintritt frei], den größten Japanischen Garten Europas, Spielplätze, Ponyreiten [wetterabhängig, Jan-Nov So und Feiertage 14-18, April-Okt auch Sa 15-18, Sommerferien zusätzlich Di 15-18 Uhr, pro Runde € 2,50], Wasserspielgeräte. In den Sommermonaten finden täglich Theatervorführungen statt, außerdem sorgen Clowns, Zauberer und Zirkusartisten für gute Laune. Ein Highlight abends sind die Wasserlichtkonzerte, die man auf dem Rasen sitzend genießen kann [Info zum Park: Tel. 040-428 23-21 50, Veranstaltungen: Tel. 040-428 54-47 23, http://plantenunblomen.hamburg.de. Tgl. April 7-22, Mai-Sep 7-23, Okt-März 7-20 Uhr, Eintritt frei].

Tour 4: Von der Reeperbahn in Hamburgs bunten Westen

Reeperbahn • Panoptikum • Davidwache • Beatlemania • Harry's Hafenbasar • Altonaer Rathaus • Altonaer Museum • Ottensen

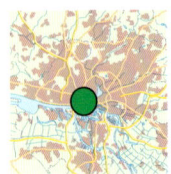

Wo: St. Pauli und Altona – Wie: zu Fuß, mit dem Bus – Dauer: Halbtages- oder Tagesausflug – Nicht vergessen: Fotoapparat

Die Tour startet in Hamburgs schrillstem Stadtteil **St. Pauli.** Fahren Sie mit der U 3 direkt bis zur Haltestelle St. Pauli und folgen Sie den Schildern bis zur **Reeperbahn.** Die weltbekannte, 900 Meter kurze Straße ist Anlaufpunkt für viele Touristen und besitzt die höchste Theater- und Kneipendichte der Stadt. Mit Kindern sollten Sie die sündige Meile am Wochenende und abends meiden. Doch da die Reeperbahn Ausgangspunkt dieser Tour ist, können Sie sich entspannt auf das Abenteuer Kiez freuen.

Eldorado für die Fans der Fab Four: das Beatles-Museum

Reeperbahnbummel bei Tag

Die Tour beginnt mit einem Programmpunkt, den man nicht unbedingt in erster Linie mit der Reeperbahn in Verbindung bringt: mit einem Museumsbesuch. Gleich drei Ausstellungen öffnen auf dem Kiez ihre Türen und präsentieren ihre Exponate. Mitten auf dem Spielbudenplatz befindet sich das **Panoptikum** (S. 92). Spannend ist auch ein Besuch in dem Museum, das der einst erfolgreichsten Band der Welt, den Beatles, gewidmet ist. Auf dem Weg dorthin passieren Sie zunächst vier Hamburger Theater: TUI Operettenhaus, Schmidts Theater, Schmidts Tivoli und St.-Pauli-Theater, bevor Sie das Polizeikommissariat 15 erblicken, die berühmte **Davidwache** [Spielbudenplatz 31, 20359 Hamburg]. Seit 1840 sorgt das kleine, mittlerweile unter Denkmalschutz stehende Polizeirevier auf dem Hamburger Kiez für Sicherheit. Als Kulisse in zahlreichen Fernsehserien und Filmen brachte es der geografische Mittelpunkt der Reeperbahn zu Berühmtheit. Direkt an der Ecke Davidstraße/Reeperbahn wird die angeblich beste Currywurst der Stadt in einem auffällig beleuchteten Imbiss namens **Lucullus** verkauft. Folgen Sie nun weiter dem Straßenverlauf in Richtung **Beatlemania**, indem Sie die Reeperbahn entlangspazieren und das Flair aus bunten Lichtern, Menschen und Läden auf sich wirken lassen.

Filmcity

Wenn der Schutzmann ums Eck biegt – Großstadtrevier, Notruf Hafenkante, Dittsche, Polizeiruf 110 sind nur einige Serien, die in der Hansestadt gedreht werden.
Regisseur **Fatih Akin** *ist gebürtiger Hamburger und drehte mehrere seiner berühmten Filme vor Ort, und auch Klassiker wie „Der Hauptmann von Köpenick" oder „Absolute Giganten" von 1919 entstanden in der Filmstadt. Und wem das noch zu wenig Action ist: 007-Agent James Bond alias Pierce Brosnan machte es sich auf dem Dach des Hotels „Atlantic" gemütlich – eine der wohl bekanntesten Filmszenen mit einer „Hamburgensie" in der Hauptrolle!*

Direkt an der S-Bahnstation Reeperbahn befindet sich das fünfstöckige Museum [Nobistor 10, 22767 Hamburg, Tel. 040-31 17 18 18, www.beatlemania-hamburg. de. Tgl. 10-19 Uhr, Erw. € 12, Kinder (6-14 J.) € 8, Familien € 33], in dem Sie die Musik, die Filme und die ganze Welt der Beatles mit zahlreichen noch nie gezeigten Exponaten nachempfinden können. Warum das Beatles-Museum ausgerechnet in Hamburg steht, werden Sie sich fragen. Nun: Im Star-Club in der Großen Freiheit, den es heute leider nicht mehr gibt, startete die Band aus Liverpool in den 1960er-Jahren ihre Karriere.

Anschließend geht das Museums-Sightseeing direkt weiter, denn in unmittelbarer Nähe befindet sich der dritte Punkt dieser Tour: **Harry's Hamburger Hafenbasar** [Balduinstraße/Ecke Erichstr. 56, 20359 Hamburg, Tel. 040-31 24 82, www. hafenbasar.de. Di-So 12-18 Uhr, Erw. € 4, Kinder (6-12 J.) € 2]. Gehen Sie ein Stück die Reeperbahn zurück, um rechts in die Silbersackstraße einzubiegen, die in die Balduinstraße mündet. Hier, an der Ecke zur Erichstraße, befindet sich eine einzigartige Sammlung von Kunsthandwerk, rituellen Gegenständen und Souvenirs aus aller Welt, die von Seefahrern und Matrosen nach Hamburg mitgebracht wurden. Der Mix aus Laden und Museum bietet Schätze aus allen Kontinenten in 20 Räumen, auf 350 Quadratmetern und zwei Etagen. Und wer weiß, vielleicht trifft man beim Stöbern und Entdecken einen echten Kapitän, der gerade einen Schatz verhökert. Genug Museumsluft geschnuppert! Wem der Magen knurrt, der geht die Erichstraße links runter und biegt in die Davidstraße ein. An der Ecke Kastanienallee befindet sich ein kleiner

Museum oder Laden? Harry's Hafenbasar ist beides

Coffeeshop namens **Mother's Fine Coffee** [Davidstr. 29, 20359 Hamburg, Tel. 040-28 51 10 19. Tgl.]. Hier gibt es die besten Bagels der Stadt. Ob herzhaft, süß oder vegetarisch – das sympathische Team erfüllt jeden Herzens- und Geschmackswunsch. Genießen Sie den kleinen Snack, bevor Sie Ihre Reise Richtung Tropeninstitut und Wetteramt fortsetzen. Die Davidstraße Richtung Elbe spazierend, passieren Sie linker Hand das imposante bronzeverkleidete **Empire Riverside Hotel**, das im 20. Stock eine rundum verglaste Bar als Aussichtsplattform über den Hamburger Hafen bietet. Insgesamt 21 Stockwerke hoch stellt das Hotel einen Zacken in der „Neuen Hamburger Hafenkrone" dar. So nennt man die Silhouette der drei vor einigen Jahren errichteten Hochhäuser auf dem einstigen Astra-Brauerei-Gelände.

Forschungsstationen

Biegen Sie nun von der Davidstraße in die Bernhard-Nocht-Straße ein. Gegenüber dem Hoteleingang steht der Neubau des **Bernhard-Nocht-Instituts für Tropenmedizin**, der die Hochsicherheitslaboratorien beherbergt. Mehr als hundert Jahre hat das weltweit renommierte Institut mittlerweile auf dem Buckel, das sich in einen neuen und alten Teil gliedert und als Reaktion auf die Cholera-Epidemie (siehe Kasten rechts) 1900 gegründet wurde. Im alten Teil befinden ebenfalls Laboratorien sowie die Bibliothek und der historische Vorlesungssaal, in dem einst Chefarzt Bernhard Nocht referierte und wo bis heute Vorträge und Veranstaltungen stattfinden, die man aber leider nicht besichtigen kann.

Die Cholera-Epidemie

1892 war in Hamburg der letzte große Ausbruch der Cholera in Deutschland. Während eines heißen Sommers sank der Pegel der Elbe und das Flusswasser erwärmte sich mehr als gewöhnlich – die ideale Brutstätte für Erreger. Da damals das Trinkwasser noch ungereinigt aus der Elbe entnommen, infizierten sich in kurzer Zeit viele Menschen mit dem Cholera-Bakterium. Schnell stieg die Zahl der Erkrankungen an, Schulen wurden geschlossen, der Verkehr mit Hamburg stillgelegt, bis sich nach zehn Wochen die Situation entspannte. Insgesamt erkrankten 16.956 Menschen, 8.605 starben. Zur Erinnerung an diese Epidemie wurde bei der Eröffnung des Hamburger Rathauses im Innenhof der **Hygieia-Brunnen** aufgestellt. Hygieia ist eine Bronzefigur, die in Siegespose ihren Fuß auf einen Drachen stellt, der die Epidemie symbolisiert.

Spazieren Sie ein Stück weiter, stehen Sie vorm Gebäude des **Deutschen Wetterdiensts**, bevor Sie zu einer langen Treppe gelangen, die hinunter zum Hafen führt. Biegen Sie hierzu hinter dem Wetterdienst rechts ab, gehen Sie durch das Tor und halten Sie sich dann links. Unten angekommen, steigen Sie in den Bus der Linie 112 Richtung Neumühlen/Övelgönne, der bei der U- und

S-Bahnstation Landungsbrücken hält, und machen eine kleine Fahrt entlang der Hafenkante. Lassen Sie sich verzaubern von Hamburgs schöner Hafenkulisse: Vorbei an der Hafentreppe und am Fischmarkt fahren Sie zum **Altonaer Rathaus**, wo Sie aussteigen. Bestaunen Sie am Platz der Republik das monumentale weiße Gebäude, das seit 1898 das dritte Rathaus der bis 1938 selbstständigen Stadt Altona ist. Ursprünglich 1844 als Bahnhof erbaut, ist der Koloss im Stil des Klassizismus ein echter Hingucker. Weiter geht es zum **Altonaer Museum**, das nur 350 Meter entfernt ist

Eine klassizistische Schönheit ist das Altonaer Rathaus

[Museumstr. 23, 22765 Hamburg, Tel. 040-42 81 35 35 82, www.altonaermuseum.de. Di-So 10-17, Erw. € 6, Kinder (bis 17 J.) frei]. Besonders toll für den Nachwuchs ist der Kinderolymp, eine interaktive Abteilung für Kinder und Jugendliche, in der thematische Ausstellungen das Interesse an Kunst, Kultur und Wissenschaft auf spielerische Art und Weise wecken. Außerdem locken ein Spielzeugladen, ein Kaufmannsladen und nachgebaute Bauernstuben sowie das Kinderbuchhaus. Letzteres ist übrigens einer der wenigen Orte in Deutschland, an denen man Originalillustrationen aus Kinderbüchern studieren kann. Weiter geht die Tour zur letzten Station, dem Bummel über die Ottenser Hauptstraße. **Ottensen** ist einer der beliebtesten und belebtesten Stadtteile Hamburgs. Regisseur Fatih Akin (siehe Kasten S. 51) wuchs hier auf, und auch sonst ist es keine Seltenheit, wenn Sie in dieser Fußgängerzone auf Hamburger Stars und Sternchen treffen. Städtebaulich ist Ottensen durch den verwinkelten Verlauf der Straßen geprägt. Charakteristisch sind außerdem

Otto-von-Bahren-Park

*In Ottensen befindet sich eine große Fläche, auf der ein ehemaliges **Gaswerk** steht. Es ist unter Denkmalschutz gestellt und beheimatet neben dem Verwaltungsgebäude ein Uhrenhaus, einen Kohleturm, vier große Hallen sowie Gleise, eine Waage und eine Eisenbahndrehbühne. Das Gelände zählt heute neben der Speicherstadt zu den größten zusammenhängenden denkmalgeschützten Arealen Europas. Woher es seinen Namen hat: Der Sage nach soll Ritter Otto von Bahren im 13. Jahrhundert hier seinen Hof gehabt haben. Auch der Name des Stadtteils Ottensen soll auf Otto von Bahren zurückgehen. Denn der Begriff „wo Otto huste", also hauste, wurde zu Ottenhusen, später Ottensen.*

die „Ottenser Nasen", wie man die spitzen Gebäudeecken der mehrgeschossigen Wohngebäude nennt, die in die spitzen Winkel der alten, ehemals landwirtschaftlich genutzten Grundstücke gebaut wurden, um keinen Platz zu verschenken. So entstanden auch die sogenannten „Dreiecksplätze", wie der Sprotzenplatz, an denen die ehemaligen Kleinwohnungshäuser für Handwerker und Fabrikarbeiter aus dem 19. Jahrhundert angesiedelt waren.

Shoppen & Naschen

Der weitere Weg der Tour führt Sie zur **Ottenser Hauptstraße**, die von kleinen Geschäfte und schnuckligen Cafésgesäumt wird. Bis zum Spritzenplatz ist die Straße für Autofahrer gesperrt, was einen Spaziergang mit dem Nachwuchs sehr angenehm gestaltet. Unmittelbar hinter dem Altonaer Bahnhof steht rechter Hand das große Einkaufszentrum **Mercado** (siehe S. 114). Mit der Vertröstung auf das nächste und letzte Ziel dieser Tour gestatten Ihnen Ihre Kinder vielleicht auch den einen oder

Außergewöhnlich in Aussehen und Geschmack: Bonscheladen-Bonbons

Café Schmidt

*Wenn Sie und Ihr Nachwuchs Kuchen lieben, dann führt kein Weg am **Café Schmidt** vorbei. Betreiber Karl Kipping gehört zu den „Jungen Wilden" in der Konditorszene und kann selbst Tortenmuffel mit so mancher geschmacklichen Überraschung auf seine Seite ziehen. Das Angebot in der Vitrine reicht von Klassikern wie Sachertorte über Mohnkuchen bis hin zu selbst kreierter Curry-Orangen-Schoko-Torte. Lassen Sie sich diese nicht entgehen! Große Rainstr. 15, 22765 Hamburg, Tel. 040-67 38 84 89, www.cafeschmidt.com. Mi-Mo 10-18 Uhr.*

anderen Blick in die Geschäfte, denn zum Schluss wartet der **Bonscheladen** auf Ihren Besuch [Friedensallee 12, 22765 Hamburg, Tel. 040-41 54 75 67, www.bonscheladen.de. Di-Fr 11-18.30, Sa 11-16 Uhr]. Dort können Sie nicht nur Bonbons kaufen, sondern auch bei deren Herstellung zusehen – und selbstverständlich auch probieren. Das sollten Sie sich auch nicht entgehen lassen, denn hier wird das süße Naschwerk noch von Hand und mit außergewöhnlichen Zutaten hergestellt: Tagetesblüten sorgen für die gelbe, Pflanzenkohle für die schwarze Farbe der Bonbons, Erdbeer-Pfeffer und Orange-Curry für außergewöhnliche Geschmacksrichtungen. So nimmt die Tour durch Hamburgs Westen ein zuckersüßes Ende.

Tour 5: Quer durch die Hamburger Innenstadt

Rathaus • St.-Petri-Kirche • St.-Jacobi-Kirche • Europa Passage • Binnen-alster • Jungfernstieg • Gänsemarkt • Laeiszhalle • Gängeviertel

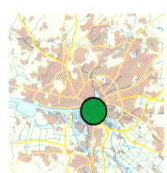

Wo: Zentrum – Wie: zu Fuß – Dauer: Tagestour – Nicht vergessen: bequemes Schuhwerk, Fotoapparat, Notizbuch, Fernglas

20095 Hamburg, Tel. 040-428 31 20 09, www.hamburg.de/rathaus. Mo-Fr 10-15, Sa 10-17, So 10-16 Uhr, eingeschränkte Führungen bei Veranstaltungen, Erw. € 3, Kinder (bis 14 J.) € 0,50, Familien € 6], zu dem Sie die U 3 bringt (Haltestelle Rathausmarkt). Mitten in der Innenstadt, in direkter Nähe zur **Kleinen Alster** mit den Alsterarkaden, steht der imposante Bau, der 113 Meter lang, 70 Meter breit ist und dessen

Die fünfte Tour startet am Hamburger **Rathaus**, dem wohl eindrucksvollsten Gebäude der Hansestadt [Rathausmarkt,

Hat mehr Räume als der Buckingham-Palast: das Hamburger Rathaus

Turm 112 Meter in die Höhe ragt. Wer meint, dieses sei das älteste Gebäude der Stadt, der irrt gewaltig. Erbaut wurde es 1897 aus Sandstein und Granit und ersetzte damit das mittelalterliche Rathaus, das dem Großen Brand von 1842 zum Opfer gefallen war. Weil der Untergrund sehr sumpfig war, musste das Gebäude auf 4000 Eichpfählen und auf einer 1,65 Meter dicken Betonplatte errichtet werden. Insgesamt zählt es 647 Säle und Zimmer und hat damit sechs Räumlichkeiten mehr als der britische Buckingham-Palast. In großen Lettern prankt über seinen Toren die Inschrift „Libertatem quam peperere maiores digne studeat servare posteritas" (Die Freiheit, die die Vorfahren erwarben, möge die Nachwelt würdig erhalten). Ein weiterer Hingucker ist der Figurenschmuck an der Außenfassade. Baumeister Martin Haller verzierte die prächtige Neorenaissance-Wand mit 20 Bronzeskulpturen deutscher Kaiser, die er in die Nischen zwischen den Fenstern platzierte. Und auch dem Inneren des heutigen Parlaments- und Regierungsgebäudes verlieh Haller mit seinem sechsköpfigen Architektenteam alles andere als einen hanseatisch bescheidenen Anstrich. Die aufwendig gestalteten Paraderäume, prächtige Festsäle sowie das Foyer können im Rahmen einer Führung zum Teil besichtigt und bestaunt werden.

Action vorm Rathaus

Nach diesem beeindruckenden Auftakt geht es weiter auf den **Rathausmarkt**, dem Platz, der sich direkt vor dem Rathaus erstreckt. Hier finden das ganze Jahr über Veranstaltungen statt. Von Freiluftkino über Konzerte und den historischen Weihnachtsmarkt bis hin zu Volleyball- und Triathlonwettkämpfen ist auf dem Areal eigentlich immer und zu jeder Jahreszeit was los.

Über die **Mönckebergstraße**, die rechter Rand vom Rathaus verläuft, gelangen Sie nun zur **St.-Petri-Kirche**, der ältesten Kirche der Hansestadt [Bei der Petrikirche 2, 20095 Hamburg, Tel. 040-32 57 40, www.sankt-petri.de. Mo-Fr 10-18.30, Mi 10-19, Sa 10-17, So 9-20 Uhr]. 811 wurde diese unter Karl dem Großen erbaut, allerdings beim Großen Brand völlig zerstört und 1849 im neugotischen Stil wiederaufgebaut. Am Portal treffen ihre Besucher auf einen der ältesten Kunstschätze Hamburgs: einen bronzenen Türklopfer mit Löwenkopf aus dem Jahr 1342. Machen Sie einen Abstecher auf den 132 Meter hohen Turm (Achtung: es gibt keinen Fahrstuhl), und lassen Sie Ihre Kinder die Stufen zählen. Es

Pflastersteine gegen das Vergessen

Der Künstler Gunter Demnig erinnert mit „Stolpersteinen", kleinen Gedenktafeln aus Messing, in mehr als 500 Orten Deutschlands und mehreren Ländern Europas an die Opfer der NS-Zeit. 2005 wurde vor dem Hamburger Rathaus der tausendste Stolperstein verlegt, mit dem an den ehemaligen Senator Max Mendel erinnert wird. 15 Schritte rechts vor dem Eingang ist der Pflasterstein aus Messing zu finden. www.stolpersteine.com.

Die Europa Passage ist das neueste Einkaufszentrum in der Innenstadt

sind ganze 544 an der Zahl. Unterwegs erlauben die im spitzen Turm eingelassenen Bullaugen tolle Ausblicke auf die Innenstadt.

Wieder unten angekommen geht es die Steinstraße ein Stück stadtaufwärts, wo Sie nur wenige Hundert Meter weiter die **St.-Jacobi-Kirche** stoßen [Jakobikirchhof 22, 20095 Hamburg, www.jacobus.de. April-Sep Mo-Sa 10-17, So nach dem Gottesdienst, Okt-März Mo-Sa 11-17 Uhr, So nach dem Gottesdienst]. Der dreischiffige Kirchenbau geht auf das Jahr 1350 zurück und beherbergt eine Arp-Schnitger-Orgel, die als größte erhaltene Barockorgel Norddeutschlands gilt. Mit ihren 4.000 Pfeifen, 60 Registern und vier Manualen ist sie ein echtes Juwel. Wer einmal einem öffentlichen Orgelkonzert lauschen möchte, der hat jeden Donnerstag um 12 Uhr kostenlos die Möglichkeit dazu. Lohnenswert ist der Aufstieg auf den Jacobikirchturm, auf

dem übrigens 1769 der erste Blitzableiter Deutschlands errichtet wurde. 1827 bekam die Kirche einen neuen Turm, den die Hanseaten liebevoll Bleistift nannten. Dieser wurde im Zweiten Weltkrieg zerstört, weshalb 1962 der dritte und letzte Turm gebaut wurde, der 128 Meter in die Höhe ragt und den Sie, wenn Sie noch einmal einen Blick über die Hansestadt werfen wollen, auch besteigen können.

Steigen Sie gemütlich den Turm wieder hinunter und flanieren Sie die Mönckebergstraße Richtung Rathaus zurück. Auf dem Weg dorthin entdecken Sie auf Höhe der St.-Petri-Kirche den nördlichen Eingang der **Europa Passage** [Ballindamm 40, www.europapassage.de. Mo-Sa 10-20 Uhr], einem schicken Shoppingtempel. Hier sind Sie auch an der richtigen Stelle, um die wohlverdiente Eispause einzulegen und die Eindrücke sacken zu lassen. Direkt am Eingang befindet sich einer der besten Eisstände der Stadt. Während Sie Ihr Eis schlecken, können Sie das geschäftige Treiben auf den fünf Verkaufsebenen auf sich wirken lassen. Erst 2006 eröffnet, ist das Center die größte Ladenpassage in der Hansestadt, die von Stararchitekt Hadi Teherani konzipiert wurde. Ein Glasgewölbe, gläserne Aufzüge und Natursteinböden sind charakteristische Merkmale der Einkaufsmeile, in deren zahlreichen Cafés, Imbissen und Restaurants aller Nationalitäten Sie Ihren Hunger stillen und verschnaufen können.

Hamburgs „Teich"

Gut gestärkt durchqueren Sie die Europa Passage und verlassen sie durch den Ausgang Ballindamm. Direkt vor Ihnen tut sich nun die **Binnenalster** auf, die etwa eine Größe von 25 Fußballfeldern hat. Von diesem Standpunkt aus hat man einen atemberaubenden Ausblick über den Teich der Hamburger und den **Jungfernstieg**. Letzterer entstand, als der alte Reesendamm um das Jahr 1665 gepflastert und eine Promenade mit

> ### Hamburger Dreikampf
> *Einmal im Jahr wollen es die Hamburger genau wissen und messen sich beim **Triathlon**, dem Wettkampf, der aus drei Disziplinen besteht. Jährlich findet das Sportevent in der Hansestadt statt und verwandelt ein Wochenende lang den Rathausmarkt in eine riesige Showbühne, während die Binnenalster zum Schwimmbecken umfunktioniert wird (Termin 2011: 16. und 17. Juli). Zwei Wochen zuvor gehen die Schüler in der gleichen Angelegenheit an den Start, allerdings im Stadtpark: beim **Hamburg City Triathlon**, dem größten Schülertriathlon Deutschlands. Infos unter www.hamburg-triathlon.org und www.hamburgcitykids.de.*

200 Lindenbäumen gepflanzt wurde. Seinen Namen verdankt er der Tatsache, dass ehedem unverheiratete Töchter hier mit ihren Eltern zu flanieren pflegten. Zwischen dem Jungfernstieg und der Bergstraße überspannt die Reesedammbrücke die Kleine Alster. Ein Müller namens Reese soll um 1235 diesen Damm erbaut haben, der später zum Jungfernstieg wurde. Reese musste das Alsterwasser aufstauen, um seine Wassermühle zu betreiben und schuf laut Überlieferung auf diesem Weg die heutige Binnen- und Außenalster. Wer Lust auf eine kleine Pause hat und dem bunten Treiben in den gegenüberlie-

Die Architektur Venedigs stand Pate für die Alsterarkaden

genden Alsterarkaden zusehen möchte, der sollte die Treppen an der Kleinen Alster ansteuern, auf denen man sitzen und die Schiffe beobachten kann, die in die Schleuse unter der Brücke einfahren. Nach dem Großen Brand von 1842 entwarf Architekt Alexis de Chateauneuf mit den **Alsterarkaden** ein Ensemble weißer Geschäftshäuser, von denen venezianisches Flair ausgeht. Wie früher kann man hier in den Läden Porzellan, feine Schokolade und Schmuck kaufen. Unter dem Arkadengang kann man übrigens die besten Fotos vom Rathaus schießen. Weiter geht die Tour über den Jungfernstieg, Hamburgs Vorzeigepromenade. Auf der rechten Seite erstreckt sich die Alster mit den Anlegern für die

Die weiß-roten Schiffe fahren auf der Alster und deren Kanälen

Alsterdampfer, dem neuen U-4-Bahnhof sowie vielen Treppen, die von den Hamburgern gern als Sitzmöglichkeiten genutzt werden.

Für eine Pause bietet sich das **Alex im Alsterpavillon** an [Jungfernstieg 54, 20354 Hamburg, Tel. 040-350 18 70, www.alexgastro.de. Mo-Fr, So 8-1, Fr, Sa 8-3 Uhr]. Auf der großen Terrasse können Sie dem Großstadttreiben für einen kurzen Moment entkommen und die Seele baumeln lassen. Von hier aus sehen Sie auch gut die riesige Fontäne, die bis zu 35 Meter hoch Wasser spuckt. Im Winter steht an ihrer Stelle ein riesiger beleuchteter Weihnachtsbaum – mitten im Wasser.

Stadtrundfahrt per Boot

Gut gestärkt und in bester Laune können Sie , ja sollten Sie sogar eine kleine Spritztour auf dem Wasser unternehmen. Eine **Alster-Rundfahrt** gehört ebenso zu einem Hamburg-Besuch wie die Barkassenfahrt durch den Hafen. In 50 Minuten umfahren die weiß-roten Alsterdampfer die Binnen- und Außenalster, während der Schiffsführer von der Geschichte und den Bewohnern der

---

Die beste Wurst der Stadt

Nicht nur Fisch zählt zu den Spezialitäten der Hansestadt, sondern auch die Currywurst. Imbisse gibt es viele, doch wer die laut Einheimischen beste Currywurst probieren möchte, der muss zur U-Bahn Mönckebergstraße. Der **Mö-Grill,** *bestehend aus zwei Wurstständen jeweils an den beiden U-Bahnausgängen, legt sie alle auf den Rost: Krakauer, Mö-Griller, Bisonwurst, Pferdewurst, Hafenlümmel und natürlich die berühmte Currywurst. Lecker! Als Dankeschön wird eine Glocke geläutet, wenn ein Gast Trinkgeld hinterlässt. Guten Hunger! Lilienstr. 19, 20095 Hamburg.*

„schönsten Stadt der Welt" erzählt [ATG Alstertourisitik, 20354 Hamburg, Tel. 040-357 42 40, www.alstertouristik.de. Tgl., April 10-18, Anfang Mai-Anfang Okt 10-18, Okt 10, 11-16 halbstündlich, 17 Uhr, Erw. € 11, Kinder (bis 16 J.) € 5,50]. Der Hauptanleger befindet sich in unmittelbarer Nähe zum Alex. Gehen Sie einfach ans Ufer, von da aus können Sie ihn schon sehen.

Wieder festen Boden unter den Füßen geht's Richtung Gänsemarkt weiter. Vom Jungfernstieg biegen Sie links in den **Neuen Wall** ein, Hamburgs teuerste

Alsterrunde

Der bei Spaziergängern, Joggern und Hundehaltern beliebteste Weg Hamburgs ist exakt 7,4 Kilometer lang und führt rund um die **Außenalster.** *Beginnend an der Kennedybrücke, spaziert man am westlichen Ufer vorbei an der streng bewachten amerikanischen Botschaft hoch bis zur Krugkoppelbrücke, die die schmalste Stelle des Alstersees überquert. Am Ostufer entlang geht es mit der Hamburger Stadtsilhouette vor Augen wieder Richtung City. Einkehrmöglichkeiten gibt es an der Alster viele, eine der schönsten ist* **Bobby Reich,** *ein Café mit Bootsvermietung, Fernsicht 2, 22301 Hamburg, Tel. 040-48 78 24, www.bobbyreich.de. Tgl.*

Arbeitete einst am Hamburger Nationaltheater: Gotthold Ephraim Lessing

Straße. Schwenken Sie vom Neuen Wall in die Poststraße ein. Diese verdankt ihren Namen der **Alten Post**, die ebenfalls von Chateauneuf erbaut wurde und die Sie an ihrem markanten Turm erkennen. Folgen Sie weiter der Poststraße, bis diese auf einen großen Platz mündet, den **Gänsemarkt**, der von einer großen Statue dominiert wird. Diese zeigt Gotthold Ephraim Lessing, der seit 1881 von einem hohen Sockel über Hamburgs Innenstadt wacht. Im 18. Jahrhundert arbeitete der Dichter als Dramaturg im damaligen Nationaltheater. Nach der Bekanntschaft mit Lessing steuern Sie nun das letzte Ziel des heutigen Tages an, das Gängeviertel.

Große Künstler des 20. Jahrhunderts feierten in der Laeiszhalle Erfolge

Kunststätte & Künstleroase

Zwischen dem Gänsemarkt und der Laeiszhalle befindet sich eine vergessen geglaubte Welt. Um hierhin zu gelangen, verlassen Sie den Gänsemarkt in westlicher Richtung über den Valentinskamp und steuern zunächst die **Laeiszhalle** an [Johannes-Brahms-Platz 1, 20355 Hamburg, Tel. 040-357 66 60, www.elb philharmonie.de/laeiszhalle.de]. Das schmucke Gebäude wurde am 4. Juni 1908 als das damals größte und modernste Konzerthaus Deutschlands eingeweiht. Prominente Künstler wie Richard Strauss, Sergej Prokofjew und Maria Callas begeisterten hier das hanseatische Publikum. Ein steinerner Pudel ziert den Eingang, eine Reminiszenz an den Spitznamen der Ehefrau des Reeders Carl Laeisz: Aufgrund ihrer hochgetürmten Frisur wurde sie liebevoll Pudel genannt. Von hier aus ist es nur noch ein Katzensprung ins **Gän**-**geviertel**, der letzten Station der Tour. Terrassenhäuser, unterirdische Gänge, Eiskeller tief unter der Erde – 350 Jahre Baukultur sind hier sicht- und tastbar. Es gibt viele Kleinigkeiten über die Hamburger Alltagsarchitekturgeschichte zu entdecken. Beispielsweise einen Giebel in der Schierspassage: Wer genau hinschaut, sieht, dass ganz oben die Verzierung im Mauerwerk unterbrochen ist, denn hier befand sich früher eine Kranvorrichtung, mit der man Möbel nach oben und durch die Fenster hieven konnte. Als Gängeviertel wurden in der Hansestadt ursprünglich die besonders eng bebauten Wohnquartiere in der Alt- und Neustadt bezeichnet, die in der Regel aus Fachwerkhäusern bestanden. Heute ist das Gängeviertel am Valentinskamp eine versteckte, bunte Künstleroase, in der man neben einem kreativen Spielplatz Ausstellungen, Vernissagen und Lesungen besuchen kann.

Tour 6: Mediterranes Flair im Hamburger Westen

Elbchaussee • Treppenviertel • Fischerhaus • Leuchtturm •
Hirschpark • Neuer Botanischer Garten

Wo: Blankenese und Klein Flottbek – Wie: Mit Bus und zu Fuß – Dauer: Halbtagesausflug – Nicht vergessen: bequeme Schuhe, Fotoapparat

Blankenese ist ein Stadtteil in Hamburgs Westen und ein Nobelviertel mit maritimer Tradition. Die charakteristische Lage am Fuße des Süllbergs verleiht dem Ort eine für Norddeutschland sehr einzigartige Atmosphäre: Die engen Gassen des Treppenviertels, die sich den Abhang hoch- und runterwinden, die kleinen, weiß getünchten Fischerhäuschen und der Strand erinnern sehr an mediterrane Bilderbuchstädtchen.

Blankenese: Das ehemalige Fischerdorf ist heute ein Nobelstadtteil

Entlang der Elbchaussee

Am bequemsten erreichen Sie Blankenese mit der S-Bahn (S 1, 11). Empfehlenswerter ist aber eine Anreise mit dem Schnellbus (Linie 36 ab Altona Rathaus), denn die Fahrt geht die **Elbchaussee**, mit knapp zehn Kilometern die längste Straße Hamburgs, entlang. Obwohl sie seit den 1950er-Jahren eine Hauptverkehrstraße ist, ist ihr Ruf als begehrteste Adresse der Hansestadt bis heute ungetrübt. Während der Fahrt können Sie einige prächtige Villen und Herrenhäuser mitten in grünen Parkanlagen bewundern. Wer hier wohnt, hat eine nahezu unverbaute Sicht auf die Elbe.

Mit der Bergziege auf und ab

In Blankenese angekommen, können erprobte und ausdauernde Fußgänger das Viertel zu Fuß erkunden. Sind kleine Wanderer mit von der Partie, sollten Sie lieber auf die Bergziege umsteigen. Keine Sorge, Sie müssen nicht auf den kleinen Tieren reiten. Die Bergziege ist ein besonderer Bus, der an die schmalen und steilen Straßen des Treppenviertels angepasst ist. Start und Endstation sind am Bahnhof Blankenese, der kleine und wendige Bus braucht für die Strecke knappe 20 Minuten und fährt regelmäßig innerhalb der Stoßzeiten. Steigen Sie an der Station Strandtreppe aus. Wie der Name schon sagt, gelangen Sie von hier aus zu einer schmalen Treppe, die Sie zwischen Häusern, Gärten und Hinterhöfen hinunter bis zum Strand bringt. Fast kommt man sich vor wie in einem Labyrinth. Am Ende der Treppe thront ein weißes denkmalgeschütztes Jugendstilpalais, in dem ein Designhotel untergebracht ist.

Biegen Sie rechts ab und spazieren Sie den Strand entlang bis zum Fähranleger. Dort befindet sich der **FISCHclub**, ein gehobenes Fischrestaurant und Café [Anleger Blankenese, gegenüber Strandweg 30, 22587 Hamburg, Tel. 040-86 99 62, www.restaurant-fischclub.de. Tgl. 11-23 Uhr]. Für den kleinen Hunger finden Sie dort eine Auswahl an Salaten und leckeren Fischsuppen. Genießen können

Blankeneser Idylle: zu finden bei einem Spaziergang durchs Treppenviertel

Hanseatische Küche

*Leckere und pfiffige, zum Teil Hamburger Gerichte werden in der **Kajüte SB 12** ganz in der Nähe des Leuchtturms aufgetischt. Die Speisekarte verspricht von Käseplatten über Bratkartoffeln und Pasta bis hin zu hochwertigen Fisch- und Fleischgerichten für jeden Hunger und Geschmack genug Auswahl. Die Speisen, die zudem den Geldbeutel nicht allzu sehr belasten, können Sie im Sommer auch im Biergarten direkt am Strand genießen – eine frische Brise und viel Platz zum Toben inklusive. Strandweg 79, 22587 Hamburg, Tel. 040-86 64 24 30, www. kajuete-sb12.de. Kernöffnungszeiten: Mi-So 11.30-23 Uhr.*

Sie gleich doppelt: den feinen Snack und die Aussicht aus den bodentiefen Fenstern bzw. von der Terrasse, die wirklich atemberaubend ist.

Nach dieser kleinen Pause geht's weiter Richtung Leuchtturm. Wenn Sie eins der letzten traditionellen Fischerhäuschen in Blankenese sehen möchten und alle Ausflügler noch genug Kraft in den Beinen zum Treppensteigen haben, biegen Sie nach ca. 200 Metern vom Strandweg rechts in die Möllers Treppe ein. Steigen Sie nach oben, bis Sie eine reetgedeckte Hütte erblicken. Das weiß-blaue Haus wurde 1880 erbaut, drei Familien wohnten ursprünglich darin. Heute dient das **Fischerhaus** als Gemeindetreffpunkt und Altentagesstätte, in der zahlreiche Kurse und Aktionen stattfinden. Zurück am Strandweg nehmen Sie sich den **Leuchtturm** zum Ziel. Über einen Steg gelangen Sie zum Aufgang zu den Aussichtsplattformen. Von hier aus haben Sie einen herrlichen Blick über die Elbe und auf den eng bebauten Süllberg. Wer genug geguckt hat, steigt nun wieder in die Bergziege auf, steigt nun wieder über den Falkentaler Weg, den Waseberg und die Oesterleystraße zum Blankeneser Bahnhof zurückchauffieren.

Einen Abstecher wert ist das **Puppenmuseum Falkenstein** (siehe S. 101). Sie können es bequem mit einem Bus der Linie 286 erreichen (alle 30 Minuten bis Station Falkenstein, Fahrtzeit ca. 10 Minuten).

Brenne lichterloh

__Knüll, Viereck, Osten und Mühlenberg__ – so heißen nicht etwa weitere interessante Stadtteile. Die vier Namen stehen für vier große Osterfeuer, die jedes Jahr am Ostersamstag am Blankeneser Elbufer lodern. Für jedes Feuer ist eine Gruppe Blankeneser „Jungs und Deerns" (Jungen und Mädchen) verantwortlich; jede Gruppe hat schon vorher versucht, den größten Brennhaufen anzusammeln. Und den gilt es zu verteidigen: Die Feuerwärter müssen sogar nachts Wache stehen, damit das Brennmaterial nicht von einer der konkurrierenden Gruppen gestohlen wird.

Der weiße Zipfel

Blankenese war früher ein Dorf außerhalb des Hamburger Stadtgebiets, in dem Kapitäne, Lotsen und Fischer lebten. Der Name leitet sich aus dem Niederdeutschen ab und könnte frei mit „weißer Zipfel" übersetzt werden (blank = weiß, ness = Landzunge). Die Häuser „kleben" gewissermaßen alle am Hang des __Süllbergs__, eines 74 Meter hohen Hügels. Charakteristisch sind die zahlreichen Treppen und verwinkelte Gassen – daher kommt der Name __Treppenviertel__. Stellen Sie sich vor, hier als Postbote arbeiten zu müssen ... Wer wissen möchte, wie viele Stufen es sind: Die amtlich ermittelte Zahl beträgt 4.864.

Damwild und alte Linden

Nicht weit entfernt erstreckt sich der **Hirschpark**, ein 25 Hektar großer Park entlang der Elbchaussee [Buslinie 1, 36, 22, 286 bis Mühlenberg]. Die Kaufmannsfamilie Godeffroy ließ ihn Ende des 18. Jahrhunderts im Stil der englischen Landschaftsgärten anlegen. Parallel dazu entstand das **Damwildgehege**, das bis heute existiert. Seit über 70 Jahren gehört das Gelände der Stadt Hamburg und zählt zu den beliebtesten Zielen für Familienausflüge ins Grüne. Der Landsitz, in dem sich heute die Lola-Rogge-Schule für Tanz und Bewegung befindet, wurde von dem dänischen Architekten C. F. Hansen entworfen. Ein

Spaziergang durch den Park spricht alle Sinne an: Im Frühling blühen prächtige Azaleen, im Sommer duften die Lindenblüten betörend nach Honig, Pfauen flanieren zwischen den Bäumen. Kinder können ungehindert durch die Alleen toben und die Hirsche und Rentiere füttern. Wenn das immer noch zu wenig Aktion ist, ergänzt ein Spielplatz das Beschäftigungsangebot. Das reetgedeckte **Witthüs-Teehaus**, das ehemals als Kavaliershaus erbaut wurde, lädt zu Kaffee oder Tee und hausgebackenem Kuchen ein [Elbchaussee 499a, 22587 Hamburg, Tel. 040-86 01 73, www.witthues.com. Di-Sa 14-23, So, Feiertage 10-23 Uhr].

Exotische Gewächse

Wenn Sie mehr für exotische Pflanzen übrig haben, sind Sie in Klein Flottbek richtig. Nahe der gleichnamigen S-Bahnstation liegt der **Neue Botanische Garten.** Vor oder nach dem Besuch lohnt sich ein Blick auf eine Satellitenaufnahme (z. B. bei Google Maps): Das Gelände besitzt einen exakt abgezirkelten, floralen Grundriss. Neben verschiedenen Themengärten und Gewächshäusern finden Sie hier einen wahren Erlebnisgarten, in dem kleine und große Besucher u. a. Düfte verschiedener Pflanzen und die Klänge unterschedlicher Hölzer erraten können. Wussten Sie schon, was Araukarien sind? Hier werden Sie mit Sicherheit so manche äußerst seltene und unbekannte Pflanzen kennenlernen. Aber Vorsicht, es sind auch giftige dabei [Botanischer Garten der Universität Hamburg, Ohnhorststraße, 22609 Hamburg, Tel. 040-42 81 64 76, www.bghamburg.de. Tgl. 9 Uhr bis ca. 1,5 Std. vor Sonnenuntergang, Eintritt frei].

Der Hirschpark mit dem Godeffroy'schen Landhaus (hinten) und Witthüs (rechts)

Tour 7: Südlich der Elbe

Blankenese • Cranz • Jork • Museum Altes Land • Buxtehude

Wo: Blankenese, Cranz, Jork, Buxtehude, Landungsbrücken – Wie: mit Fähre, Fahrrad, Zug oder S-Bahn – Dauer: Tagestour – Nicht vergessen: Fahrrad, Stadtplan, Fotoapparat

Der schnellste Weg von Hamburg nach Niedersachsen, genauer gesagt ins Alte Land, ist auch für Radfahrer die Personenfähre von **Blankenese** nach Cranz. Bereits 1060 ließ Erzbischof Adalbert von Bremen auf dem Süllberg eine Burg errichten, um diese Fährverbindung, die älteste Hamburgs, zu schützen.

Eine Seefahrt, die ist lustig, besonders für Kinder. Auf der Fähre kann Ihr Nachwuchs nach Herzenslust Kapitän spielen oder sich die Elbluft um die Nase wehen lassen, während Sie auf der einen Seite Hamburgs, auf der anderen Seite Niedersachsens malerische Elbkulisse genießen. Zudem ist die Überfahrt mit der Fähre recht praktisch, da Fahrräder in der Regel ganztägig transportiert werden können. Wochentags können Sie mit einem **HVV-Ticket,** zum Beispiel einer Einzel- oder Tageskarte, die Fähre nutzen, pro Fahrrad ist ein Aufschlag von € 1,30 fällig. An den Wochenenden und an Feiertagen müssen Sie an Bord ein Extraticket lösen [Erw. € 3,60, Kinder € 1,80. Infos: HADAG, St. Pauli Fischmarkt 28, 20359 Hamburg, Tel. 040-31 17 07 24, www.hadag.de].

In **Cranz** angekommen, heißt es, auf den Sattel schwingen, und ab geht es in Richtung Altes Land. Etwa neun Kilometer sind mit dem Drahtesel zurückzulegen. Dabei überqueren Sie die Grenze zwischen Hamburg und Niedersachsen, rollen durch das malerische Alte Land und genießen die Aussicht vom Cranzer Hauptdeich auf die Elbe.

In der Windmühle Aurora lässt es sich heute gut speisen

Essen in der Windmühle

Kaum ein Altländer oder Buxtehuder kennt dieses Restaurant nicht: **Die Mühle.** *Hier stimmt einfach alles. Angefangen bei der Bedienung über das Ambiente bis hin zu dem Wichtigsten, dem Essen. Vorrangig regionale Gerichte erwarten die Gäste hier, und die Kulisse könnte nicht passender sein als in der alten* **Mühle Aurora.** *Achtung: Wer mittags sichergehen will, einen Platz zu bekommen, sollte reservieren. Am Elbdeich 1, 21635 Jork, Tel. 04162-63 95, www.die muehlejork. Mi-Mo 12-22 Uhr.*

Vom Anleger fahren Sie ein Stück weit den Estedeich Richtung Wasser und biegen dann direkt links auf den Cranzer Hauptdeich. Dieser mündet in die Straße Hinterbrack, anschließend in die Straßen Kohlenhusen und Hinter der Mühle. Auf der linken Seite sehen Sie eine alte Windmühle, die mittlerweile als eines der besten Restaurants im Alten Land gilt (siehe Kasten oben). Eine Pause dort lohnt sich, zumindest um sich die Mühle näher anzugucken.

Ins Land der Früchte

Nach einer Stärkung bzw. Begutachtung der alten Mühle geht es weiter landeinwärts. Biegen Sie links in die Große Seite, die in die Borsteler Reihe übergeht und direkt in die „Hauptstadt" des Alten Lands führt: nach Jork. Die Region mit ihren Deichen und Fachwerkhäusern ist vor allem bekannt für ihr riesiges Obstanbaugebiet, das seit etwa 1550 urkundlich nachgewiesen ist. Mit seinen insgesamt 170 Quadratkilometern und schier endlosen Apfel- und Kirschbaumplantagen ist das Alte Land das größte Obstanbaugebiet Deutschlands und eines des größten in Europa. Besonders schön ist es dort im Frühjahr, wenn sich das Land hinterm Deich in ein Meer aus rosa und weißen Blüten verwandelt. Im 20. Jahrhundert verdrängte der Obstanbau Ackerbau und Viehzucht nahezu vollständig und ist heute neben dem Tourismus der bedeutsamste Wirtschaftszweig des Alten Lands.

Jork ist bekannt für seine Barockkirche, das prächtige Rathaus im restaurierten Gräfenhof und für die Fachwerkhöfe mit den traditionellen Altländer Toren (siehe Kasten S. 69).

Wie sich das Leben hier früher abspielte, erfährt man im **Museum Altes Land** [Westerjork 49, 21635 Jork, Tel. 04162-

Das Jorker Rathaus war früher ein schmucker Bauernhof

57 15, www.tourismus-altesland.de/ museum-altes-land. April-Okt Di-So 11-17, Nov-März Mi, Sa, So 13-16 Uhr, Eintritt frei]. Seit 1990 beherbergt ein typisches, fast 500 Jahre altes Fachwerkhaus die 320 Quadratmeter große Ausstellung, die die Geschichte des Alten Lands in sechs Abteilungen präsentiert ist. Zum Museum gehören auch die Durchfahrtsscheune aus dem Jahr 1590 und ein Altländer Tor (siehe Kasten S. 69). In der Ausstellung wird den Besuchern schnell klar, wie sehr die Elbe und das immer wiederkehrende Hochwasser das Leben hier prägten: „Kein Deich – kein Land – kein Leben" beschreibt die Lage der damaligen Verhältnisse treffend. Doch die Altländer perfektionierten den Deichbau und ersannen Techniken zur Entwässerung, die anhand von Original-geräten in einem traditionellen Altländer Fachhallenhaus nachvollziehbar werden. Nach so viel Geschichte steigen Sie nun wieder aufs Fahrrad und halten sich Richtung **Buxtehude**. Ja, die Stadt gibt es tatsächlich und das bereits seit 1197. Sie gilt als Heimatstadt des Hasen und des Igels (siehe Kasten S. 69).

Über die Estebrügger Straße erreichen Sie direkt die **Hafenbrücke** in Buxtehude, die über das Fleth führt. Fahren Sie über die Kreuzung in die Straße Westfleth, vorbei rechter Hand am **Zwinger**, der als letzter von ehemals fünf Rundtürmen immer noch den Eckpunkt der früheren Stadtmauer markiert. Das angrenzende Marschtor wurde im 19. Jahrhundert abgebrochen. Heute dient der Zwinger als Kulturzentrum für Ausstellungen und Konzerte. Das **Westfleth** ist eine

Zeugte vom Reichtum der Hofbesitzer: das Altländer Tor an der Hofeinfahrt

Prunkpforten des Alten Lands

Altländer Tore *sind keineswegs normale Durchfahrtstore, sondern außergewöhnliche Bauwerke. Auch als Prunkpforten bezeichnet bilden sie den Hofeingang zu den großen Altländer Bauernhöfen und repräsentieren den Wohlstand der damaligen Haushalte. Über den meisten rundgebogenen Wagendurchfahrten hängt eine große Traube, die als Fruchtbarkeitssymbol galt, seitlich angebrachte Löwenköpfe fungierten als Torhüter. Ein kleiner Durchlass war für Personen vorgesehen. Charakteristisch sind die stark schräg stehenden Balken, die die tragenden Pfosten stützen, und das ziegelgedeckte Walmdach. Die Pforten sind weiß gestrichen, die Holzschnitzereien über dem Personendurchlass und die Profilierungen des Holzwerks bunt abgesetzt. Auf Plattdeutsch heißen die Bauwerke „Puurt", was so viel wie Pforte bedeutet.*

malerische Straße, die durch die Altstadt Buxtehudes führt. Auf der rechten Seite passieren Sie nun die **Süße Sünde**, ein tolles Café, in dem Sie im Sommer draußen am Fleth ein Stück frischen Obstkuchen zum Kaffee genießen können [Westfleth 45, 21614 Buxtehude, Tel. 04161-60 02 38]. Für den Nachwuchs gibt es süße Pfannkuchen und erfri-

schende Schorlen. Wer auf das wohlverdiente Eis nach der Strampelei besteht, der findet auf der gegenüberliegenden Flethseite in der **Eisdiele San Marco** garantiert die richtige Sorte [Breite Str. 20, 21614 Buxtehude, Tel. 04161-60 02 38]. Nach einer ausgiebigen Pause geht es einmal um das Fleth herum, vorbei am bronzenen **Flethenkieker**, der wohl das beliebteste Fotomotiv in Buxtehude ist. Die Flethenkieker hatten früher die Aufgabe, die Wassertiefen, die sogenannten Düpen, in der Elbe und in den innerstädtischen Flethen zu überwachen. Weiter geht es das Westfleth entlang in Richtung ehemalige **Flethmühle**, die bis 1975 in Betrieb war und

Hase und Igel

In Buxtehude kursiert die Geschichte vom ***Wettkampf zwischen dem Hasen und dem Igel*** *auf der Buxtehuder Heide. Als sich der Hase über die krummen Beine des Igels lustig macht, fordert dieser ihn zu einem Wettrennen auf. Während des Rennens läuft der schlaue Igel aber nur ein paar Schritte und stellt seine ihm zum Verwechseln ähnlich sehende Frau ins Ziel, die dem Hasen zuruft: „Ick bün al dor!" („Ich bin schon da!") Der fordert den Igel erneut heraus: Insgesamt 73 Läufe mit stets demselben Ergebnis hält der Hase durch, beim 74. Mal bricht er zusammen und der Igel geht als Sieger hervor.*

in der sich unter anderem eine Apotheke und ein Hotel befinden. Stellen Sie sich einmal an die Balustrade, um einen Blick auf den 1897 erbauten **Ewer Margareta** zu werfen. Die Buxtehuder Lady wurde nach 37 Jahren Abwesenheit, in der sie als Frachter im Einsatz war, in ihren Heimathafen zurückgebracht. Wundert es Sie, dass das Schiff hier nicht auf Grund lief? Nicht wenn Sie wissen, wie so ein Giekewer wie Margareta gebaut ist (siehe Kasten).

Stier, Knabe und Hund

Zurück radeln Sie über das Ostfleth zur Eisdiele San Marco. Hier biegen Sie

> ### Plattes Schiff
> *Mehrere Jahrhunderte lang war der sogenannte **Ewer** das typische Frachtschiff der Niederelbe und der Wattengebiete vor der Nordsee. Da Ewer einen abgeflachten Kiel haben, sind sie in der Lage, sich den ständig ändernden Wasserverhältnissen durch Ebbe und Flut anzupassen und so alle Reviere zu befahren. Einmastige Ewer nennt man Giekewer, zweimastige Besanewer.*

rechts in die Breite Straße ein, die in die Fußgängerzone führt. Jetzt heißt es absteigen und die Räder anschließen oder schieben. Am Anfang der **Langen Straße** kommen Sie an einem **Stier mit einem Knaben** vorbei. Eine Skulptur mit philosophischem Hintergrund: Der Knabe auf dem großen Stier soll vermitteln, dass auch Kleine Großes bewegen können. Wenig später sehen Sie ebenfalls auf der linken Seite das **Rathaus**, das 1911 erbaut wurde, nachdem das alte Gebäude von 1418 einem Brand zum Opfer gefallen war [Breite Str. 2, 21614 Buxtehude]. Vor dem Rathaus findet regelmäßig ein Markt statt, im Winter ziert den Platz ein malerischer Weihnachtsmarkt. Von hier führt linker Hand die Lange Straße zum Sankt-Petri-Platz, wo sich links die imposante evangelische Pfarrkirche **St. Petri** präsentiert [Lange Str. 1, 21614 Buxtehude, Tel. 04161-55 93 70, www.st-petri-buxtehude.de]. Die dreischiffige Basilika aus Backstein entstand gegen Ende des 13. Jahrhunderts. Auf

Zwei alte Buxtehuder: die Flethmühle und der Ewer Margareta

dem Platz gegenüber der Kirche steht **Magister Halepaghe** – in Form eines Bronzedenkmals. Der Altländer Priester lebte um 1434 in Buxtehude, reformierte das Kirchen- und Klosterleben an der Niederelbe und gründete die noch heute bestehende Halepaghenstiftung zur Unterstützung von Bedürftigen. Gehen Sie die Lange Straße wieder zurück, und flanieren Sie an den Läden entlang. Falls Sie Hunger verspüren sollten, empfiehlt sich das Restaurant **Amadeus im Bürgerhaus,** dem ältesten Haus der Stadt [Lange Str. 25, 21614 Buxtehude, Tel. 04161-549 61, www. amadeus-buxtehude.de. Mo-Do 11.30-24, Fr-Sa 11.30-1, So 12-23 Uhr]. Unter der Vielzahl von Geschäften findet sich auch Buxtehudes bekanntestes Einkaufshaus **Stackmann**, das seit 1919 besteht und von den Buxtehudern liebevoll „Stacki" genannt wird [Lange Str. 39-45, 21614 Buxtehude, www.stackmann.de. Mo-Fr 9.30-19, Sa 9.30-18 Uhr].
Am Ausgangspunkt zurück, schwingen Sie sich wieder auf Ihre Räder und fahren etwa einen Kilometer zum Bahn-

hof. Unterwegs erblicken Sie rechter Hand die Sparkasse in der Bahnhofsstraße. Doch nicht wegen des Bankgebäudes legen Sie hier einen Stopp ein, sondern wegen der Dackelskulptur vor seinem Eingang. Auf dem hohen Sockel steht nämlich der **Buxtehuder Hund** – mit stolz erhobenem Schwanz. Und das ist nicht weiter verwunderlich, wenn man weiß, dass hier die Hunde mit dem Schwanz bellen. Diese Behauptung rührt daher, dass in Buxtehude, der Stadt mit niederländischen Siedlern, die Glocken schon früh mit einem Seil geschlagen wurden, während dies anderswo noch mit dem Hammer geschah. Da Glocke auf Niederländisch „Hunte" hieß und läuten „bellen", wurde Buxtehude als Ort bekannt, wo die „Hunte" mit dem Schwanz „bellen".
Am Bahnhof angelangt endet die Tour durchs Alte Land. Zurück bringt Sie die Bahn: Sowohl die S 3 [zwischen 16 und 18 Uhr keine Fahrradmitnahme] als auch die Nahverkehrszüge fahren zum Hamburger Hauptbahnhof, den Sie in etwa 45 Minuten erreichen.

Der Hund, der mit dem Schwanz bellt

Tour 8: Bergedorf – durch die Vier- und Marschlande

Bergedorf • Vier- und Marschlande

Wo: im Südosten Hamburgs – Wie: mit der S-Bahn, zu Fuß – Dauer: Halbtagestour – Nicht vergessen: Badesachen, Fernglas

Der Südosten der Hansestadt bietet eine Vielzahl an Attraktionen für eine abwechslungsreiche Halbtagestour. Die Tour startet im Stadtteil **Bergedorf**, der von 1873 bis 1937 wie Altona eine eigenständige Stadt war. Rein verwaltungsmäßig gehört Bergedorf zu Hamburg und ist von der Fläche her der zweitgrößte Bezirk Hamburgs. Laut Einwohnerzahl ist er allerdings der kleinste und eigentlich eine eigene kleine Stadt, die eine lange von Hamburg unabhängige Geschichte hat. Erstmals wurde der Ort im 12. Jahrhundert urkundlich erwähnt, in Hamburgs Besitz befindet sich der Stadtteil allerdings erst seit 1867. Weshalb? Aus dem einfachen Grund, dass die Hamburger den Lübeckern, mit denen sie sich die Stadt bis dato teilten, 200.000 Taler zahlten und anschließend die Herrschaft über das Juwel im Südosten übernahmen.

Ein doppelter Wassergraben umgibt das Bergedorfer Schloss

Supertalent Hasse

*Hätte man im 17. Jahrhundert schon Deutschlands Superstar gesucht, dann hätte sicherlich **Johann Adolf Hasse** gewonnen. 1699 in Bergedorf geboren, verbrachte er den größten Teil seines Lebens in Italien. Heute gilt er als einer der einflussreichsten deutschen Komponisten des Rokoko. Berühmt wurde er, weil er zahlreiche Opern komponierte und als Sänger erfolgreich war.*

Viel Wasser, eine Kirche und ein Schloss

Die Tour startet in der **Fußgängerzone**, die Sie nach wenigen Minuten Fußweg vom Bahnhof (S 2, 21) erreichen. Über den Weidenbaumsweg gelangen Sie rechter Hand in die Alte Holstenstraße, die über ein malerisches Gewässer führt: die Bille, die in die Dove Elbe mündet. Wenn Sie genau hinschauen und den Blick über den Teich zwischen den alten Bäumen schweifen lassen, erkennen Sie bereits die Backsteingiebel des Bergedorfer Schlosses. Vorerst allerdings passieren Sie die evangelisch-lutherische Kirche **St. Petri und Pauli**, die 1502 erbaut wurde. Im Inneren kann man den Altar, die geschnitzte Kanzel und Emporenmalereien aus dem 16. und 17. Jahrhundert bestaunen [Bergedorfer Schloßstr. 2, 21029 Hamburg, Tel. 040-721 44 60, http://stpetriundpauli-bergedorf.de]. Direkt daneben befindet das Organistenhaus aus dem Jahr 1630, besser bekannt unter dem Namen **Hasse-Haus**, in dem der Musiker Johann Adolf Hasse geboren wurde, dessen Vater Peter Organist in der Kirche war [Johann-Adolf-Hasse-Platz 1, 21029 Hamburg]. Es wurde 1630 erbaut und diente von 1672 bis 1776 drei Generationen der Organistenfamilie Hasse als Wohnhaus.

Von hier aus geht es weiter in Richtung **Bergedorfer Schloss**, dass das einzig verbliebene Schloss auf Hamburger Boden ist. Es wurde 1350 erbaut und ist eigentlich eine kleine Wasserburg, da es von einem doppelten Wassergraben umgeben ist. In die herrschaftlichen Räume zog 1955 das **Museum für Bergedorf und die Vierlande** ein [Bergedorfer Schloßstr. 4, 21029 Hamburg, Tel. 040-72 10 40 30, www.bergedorfmuseum.de. April-Okt Di-Do 11-17, Sa, So 11-18, Nov-März Di-Do 12-16, Sa, So 11-17, Erw. € 5, Kinder (bis

Klein und köstlich: Stinte

*Nur wenige Wochen im Jahr gibt es ihn, den Osmerus eperlanus. Der kleine, lachsartige **Fisch** aus der Elbe ist eine kulinarische Delikatesse und wird zwischen Februar und April vor Altengamme und der Staustufe von Geesthacht geangelt. Zwölf bis 18 Zentimeter misst der Elbbewohner, der lange Zeit von Speisekarten fernblieb. Seit das Wasser der Elbe jedoch wieder sauberer ist, füllt er die Netze wieder – sehr zu Freude aller Fischliebhaber. Gegessen wird er im Ganzen ohne Kopf und Innereien, aber mit Gräten, in Roggenmehl gewendet und in Butter gebraten. Fein!*

Ich seh' den Sternenhimmel ...

Die Bergedorfer **Sternwarte** *wurde 1909 gebaut und gehört heute zum Fachbereich Physik der Uni Hamburg. Das unter Denkmalschutz stehende Gebäude ist für die Öffentlichkeit zugänglich, allerdings nur in Verbindung mit vorher vereinbarten Gruppenführungen (Buchung: Tel. 040-428 13 10) oder bei den sporadisch stattfindenden* **Astronomie-Erlebnistagen für Eltern und Kinder.** *Eine vergleichbar erhaltene Sternwarte mit Wohn-, Verwaltungs- und Kuppelgebäuden in neobarocken Architekturformen und den fast kompletten astronomischen Instrumenten findet sich in Deutschland kein zweites Mal. Sie ist somit ein wichtiges Zeugnis für den wissenschaftlichen Aufbruch vor einem Jahrhundert. Zwar wurden dem Bestand im Laufe der Zeit neue Teleskope und andere wissenschaftliche Gerätschaften hinzugefügt, aber ein Großteil stammt aus der Gründungszeit der Sternwarte. Sehenswert ist außerdem die Bibliothek, die bereits seit ihrer Gründung besteht und ca. 70.000 Bände umfasst. Gojenbergsweg 112, 21029 Hamburg, Tel. 040-428 91 41 12, www.sternwarte-hamburg.info, Bus 135, 335 Sternwarte (Eingang).*

18 J.) frei]. Die Sammlungen des Museums gehen bis ins Mittelalter zurück. Im Kellergewölbe des Gebäudes befinden sich sogar noch die Rüst- und Waffenkammern sowie Folterinstrumente aus dem Mittelalter und der Frühen Neuzeit. Nach dem Besuch des Museums gehen Sie die Fußgängerzone entlang, die von der Bergedorfer Schloßstraße links abgeht. Schlendern Sie dafür ein Stück in die Richtung zurück, aus der Sie gekommen sind. Der Stadtkern von Bergedorf versammelt Häuser der unterschiedlichsten Jahrhunderte und Stilepochen und zeichnet ein malerisches Stadtbild. Die Hauptstraße, das **Sachsentor**, erschließt als Fußgängerzone das gesamte Areal der Altstadt. Besonderes Augenmerk verdient das **Fachwerkhaus** in der **Sachsenstr. 2.** Das ehemalige Gasthaus „Stadt Hamburg" gilt als der älteste Profanbau der Hansestadt nach dem Leuchtturm auf Neuwerk. Es wurde um 1550 erbaut. 1958 musste das Haus, weil es dem Verkehr im Wege stand, abgetragen und um einige Meter versetzt neu aufgebaut werden. Den ersten Teil der Tour beenden Sie bei einem Snack in einem der vielen Cafés, die zu einer gemütlichen Pause einladen.

Landpartie

Nach dem Stadtbummel durch die Bergedorfer City geht es nun in Richtung Vierlande. Als **Vierlande** werden seit 1556 die vier Dörfer rund um Bergedorf bezeichnet: Altengamme, Curslack, Kirchwerder und Neuengamme.

Vom Bergedorfer Bahnhof nehmen Sie die Buslinie 327 und fahren acht Haltestellen bis zum **Rieck-Haus** [Curslacker Deich 284, 21039 Hamburg, Tel. 040-723 12 23. April-Sep Di-So 10-17, Okt-März

Di-So 10-16, Erw. € 3, Kinder (bis 17 J.) frei], einer Außenstelle des Altonaer Museums ist (siehe S. 53). Das Bauernhaus von 1533 ist heute ein Freilichtmuseum, das Sie sich mit Ihren Kindern anschauen sollten. Es ist spannend zu sehen, wie eng man früher wohnte, wie nah Mensch und Tier hausten und wie gering die Zahl der Betten im Vergleich zu der Zahl der Hausbewohner war. Besonders empfehlenswert ist der Rundgang in Begleitung von Christel Eggers, der Tochter des letzten Rieck-Bauern, die nebenan wohnt und interessierten Gästen vom damaligen Alltag erzählt und den ein oder anderen Gegenstand in Wohnstube, Küche und Stall erklärt. Mit größeren Kindern, die das Thema Zweiter Weltkrieg bereits im Unterricht behandelt haben bzw. darüber informiert sind, ist auch ein Besuch der **KZ-Gedenk**stätte Neuengamme** (siehe Kasten S. 76) interessant. Vom Rieck-Haus bringt Sie die Buslinie 327 direkt dorthin.

Erholung in den Hamburger Dünen

Die letzte Station der Tour gehört definitiv zum entspannten Teil des Ausflugs und führt zum Naturschutzgebiet **Boberger Niederung**, eines der schönsten und bedeutendsten Naturschutzgebiete Hamburgs. Fahren Sie vom Rieck-Haus zurück zum Bergedorfer Bahnhof und nehmen Sie die Buslinie 221 Richtung S-Bahn-Station Mittlerer Landweg. Steigen Sie an der Haltestelle „Boberger Furtweg" aus, von wo es noch etwa zwei Gehminuten bis zu der ersten Attraktion für kleine und große Naturfreunde sind. Hier im Naturschutzgebiet finden sich nicht nur für die Region typische

Urlaub von der Großstadt: Naturerlebnis in der Boberger Niederung

Pflanzen wie Heide, Trockenrasen und Moore, sondern auch die **Boberger Düne**, die ein Überrest einer ehemals riesigen Dünenlandschaft mit bis zu 30 Meter hohen Dünen ist. Vor etlichen Jahrtausenden hockten hier unsere Vorfahren, die Steinzeitmenschen, ums Feuer. Vor vergleichsweise kürzer Zeit, nämlich ab 1840 wurden Millionen Kubikmeter Sand für Bauzwecke abgetragen. Heute ist das Areal vor allem eins: der Lebensraum vieler Insekten wie zum Beispiel Sandbienen, Grabwespen, Blauflügelige Ödlandschrecken oder Braune Feuerfalter. Damit dieser unbeeinträchtigt bleibt, gilt auch für lebhafte Kids: unbedingt auf den markierten Wegen bleiben! Dafür legen Sie Ihre wohlverdiente Pause direkt am **Boberger See** ein. An der nordöstlichen Seite ist ein Badestrand ausgewiesen, wo Baden und Toben gestattet sind. An heißen Tagen eine perfekte Abkühlung für kleine und große Wasserratten! Am Südostufer liegt ein FKK-Gelände. Sie sollten allerdings darauf achten, entweder nicht hungrig hierhin zu kommen oder aber Proviant mitzunehmen, da es hier keine Möglichkeit gibt, einen Imbiss zu kaufen.

Und wer nicht nur Lust auf das nasse Element hat, sondern auch gern ein Stück zu Fuß geht, der kann den See umrunden und die Natur genießen. Ab und zu lohnt es sich, den Blick gen Himmel zu heben, denn vom nahen Segelflugplatz steigt immer wieder ein Flieger empor – fast lautlos natürlich. Genießen Sie die Stille in dieser Idylle, bevor es wieder Richtung Großstadtleben geht – oder vorher noch ins **Naturschutz-Informationshaus Boberger Niederung**, wo Sie sich einen Überblick über die Flora und Fauna

KZ-Gedenkstätte

*Das **KZ Neuengamme** gehörte zu den großen Konzentrationslagern in Deutschland. Mehr als 100.000 Menschen hungerten und schufteten hier und in den über 80 angeschlossenen Außenlagern. Hitlers Plan war die Umgestaltung Hamburgs mit gigantischen Bauten. So sollte zum Beispiel in Altona eine Volkshalle aus Ziegeln für über 50.000 Menschen errichtet werden. Und eben diese Ziegel wurden unter menschenverachtenden Bedingungen in Neuengamme hergestellt. Nach dem Krieg wurden die Baracken abgerissen, heute kann die Gedenkstätte und das Studienzentrum mit mehreren Ausstellungen besichtigt werden. Das Areal ist allerdings so groß, dass es kaum ablaufbar ist. Besonders die Wege aus schwarzem Schotter, die an die schlimme damalige Zeit erinnern sollen, sind etwas beschwerlich zu meistern. Jean-Dolidier-Weg 75, 21039 Hamburg, Tel. 040-428 13 15 00, www.kz-gedenkstaette-neuengamme.de, Bus 227, 327, 427 Jean-Dolidier-Weg.*

dieses Hamburger Naturschutzgebiets verschaffen können [Boberger Furt 50, 21033 Hamburg, Tel. 040-73 93 12 66, www.stiftung-naturschutz-hh.de/boberg. Mi-Fr 9-13, Sa 12-17, So 11-17 Uhr, Eintritt frei].

Tour 9: Lüneburg – auf der Suche nach dem weißen Gold

Lüneburg • Lüneburger Heide

Wo: in Lüneburg und der Lüneburger Heide – Wie: zu Fuß (Anfahrt per Bahn oder Auto) – Dauer: Halbtages- oder Tagesausflug – Nicht vergessen: Stadtplan, Fotoapparat, bequemes Schuhwerk, ggf. Badesachen

Nur eine gute halbe Stunde mit dem Zug und etwa 45 Minuten mit dem Auto von Hamburg entfernt liegt die Hanse- und Universitätsstadt Lüneburg. Am Rande der nach ihr benannten Lüneburger Heide erstreckt sie sich an einem Nebenfluss der Elbe, der Illmenau. Ihren hohen Bekanntheitsgrad verdankt die Stadt unter anderem dem hier gewonnenen Salz, das früher als „Weißes Gold" gehandelt wurde. Einer Sage nach wurde das hiesige Salzvorkommen vor über 1.000 Jahren von einem Jäger entdeckt. Dieser hatte eine schneeweiße Wildsau geschossen, die sich in einer Salzquelle gesuhlt hatte. Die Salzkristalle im Fell des toten Tieres machten ihn auf die Saline aufmerksam (siehe Kasten S. 79) und Lüneburg berühmt.

Klosterschätze

Die Tour startet im Herzen **Lüneburgs**, der Altstadt. Am bequemsten ist es, wenn Sie mit der Bahn kommen oder Ihr Auto direkt am Bahnhof abstellen. Am Lüner Weg und Altenbrückerdamm steht Ihnen eine Vielzahl von Parkmöglichkeiten zur Verfügung. Nach 15 Minuten Fußweg erreichen Sie die erste Station,

das **Kloster Lüne** [Am Domänenhof, 21337 Lüneburg, Tel. 04131-523 18 Lüneburg, www.kloster-luene.de. 1.4.-15.10., Museum: Di-So 10.30-12.30 u. 14.30-17 Uhr, Kloster (nur mit Führung, Dauer: 1 Stunde): Di-Sa 10.30, 14.30, 15.30, So 11.30, 14.30, 15.30 Uhr, Erw. € 8, Kinder 11-16 J. € 2]. Das Benediktinerinnenkloster wurde 1172 gegründet, und seine gut erhaltene Innenausstattung umfasst bis heute wahre Schätze: Die älteste Truhe

Der Wasserturm (S. 78) ist ein Lüneburger Wahrzeichen

beispielsweise stammt aus dem Jahr
1174, die Buntglasfenster aus dem 14.
bis 17. Jahrhundert. Einer der Gründe
für den Wohlstand ist die Tatsache, dass
das Kloster seit der Reformationszeit ein
evangelisches Damenstift beherbergt.
Früher fanden reiche Adelstöchter
entweder den Mann fürs Leben oder
den Weg ins Kloster. War Letzteres der
Fall, brachten sie ihre Aussteuer in die
Gemeinschaft mit ein. Wer jetzt schon
Hunger verspürt, sollte das hauseigene
Café besuchen [www.cafe-im-kloster.de.
Tgl. 10-18 Uhr]. Neben „Alten Rezepten"
und „Salattrilogien" stehen vor allem
Biogerichte auf dem Speiseplan.
Frisch gestärkt geht es weiter Richtung
Innenstadt. Hierzu gehen Sie den Weg
zurück zu Ihrem Auto und fahren

Eine der typischen Lüneburger Alt-
stadtgassen ist die Grapengießerstraße

Richtung Altenbrückerdamm bis zur
Altenbrückertorstraße, in die Sie rechts
einbiegen. Alternativ können Sie natürlich auch laufen (ca. 30 Min.) oder am
Kloster in einen Bus Richtung Innenstadt steigen und bis zur Haltestelle Am
Sande fahren. Ziel ist in allen Fällen die
St.-Johannis-Kirche, eine fünfschiffige
Hallenkirche [Bei der Johanniskirche 2,
21335 Lüneburg, Tel. 04131-445 42, www.
st-johannis-kirche.de. Mo-Mi 11-16, Do
11-18, Fr 11-20, Sa 11-18, So 11-16 Uhr],
die als eine der bedeutendsten Bauten
der norddeutschen Backsteingotik gilt.
Ihr 108 Meter hoher Turm bestimmt bis
heute das Stadtbild Lüneburgs.
Von hier aus sehen Sie auch den **Wasserturm** [Bei der Ratsmühle 19, 21335
Lüneburg, Tel. 04131-789 59 19, www.
wasserturm.net. Tgl. 10-18 Uhr, Erw.
€ 3,90, Kinder (ab 6 J.) € 2,90, Fam.
€ 8,30]. Dieser wurde 1907 auf den
Resten der mittelalterlichen Wallanlagen
im schnörkellosen Heimatschutzstil
erbaut. 55 Meter misst der Koloss, von
dem man eine überwältigende Sicht auf
die Universitätsstadt hat. Jeden Samstag
um 11 Uhr und mittwochs um 15 Uhr finden hier gegen einen geringen Aufpreis
Führungen statt. Nachdem Sie die Stufen erklommen haben, atmen Sie einmal
tief durch, denn auf der Plattform erwartet Sie ein gigantischer Ausblick. Wer
sich lieber die Stufen spart, der kann
auch bequem mit dem Fahrstuhl fahren.
Dieser fährt Sie bis zur sechsten Ebene,
auf der Sie nur noch 20 Treppenstufen
von der Aussichtsterrasse trennen. Bei
gutem Wetter beträgt der Sichtradius
40 Kilometer und reicht von Hamburg
bis Uelzen. Nachdem Sie das Panorama
genossen haben, geht es weiter in die

Salzgewinnung

Salinen sind Anlagen zur Gewinnung von Salz. Die **Lüneburger Saline,** *zwischen der Sülzwiese und dem Kalkberg gelegen, bestand früher aus 54 Siedehütten, die den Sod, einen Salzbrunnen, umgaben. Jede Siedehütte hatte je vier Siedepfannen, die über Rinnen und Kanäle mit Sole, also Kochsalzlösungen, versorgt wurden. Diese Kochsalzlösung wurde mit Eimern aus der Siedekammer an die Oberfläche befördert und von hier gleichmäßig auf die 216 Siedepfannen verteilt. Auf dem Gelände der Saline befanden sich außerdem eine Bude für den Verkauf von Salz sowie eine Zollbude für gerichtliche Angelegenheiten rund um das Salz, das einst zu den teuersten Lebensmitteln zählte und „Weißes Gold" genannt wurde.*

malerische **Altstadt**, deren viele kleinen Gassen zum Bummeln und Stöbern verführen. Diese lassen sich am besten von der St.-Johannis-Kirche ausgehend erkunden. Angelangt an der Straße Neue Sülze biegen Sie links ab und folgen dieser bis zur Straße Auf dem Harz, die Sie zum **Deutschen Salzmuseum** [Sülfmeisterstr. 1, 21335 Lüneburg, Tel. 04131-450 65, www.salzmuseum.de. Okt-April tgl. 10-17, Mai-Sep Mo-Fr 9-17, Sa, So 10-17 Uhr, Führungen: Mo-Fr 11, 12.30, 15, Sa, So 11.30, 15 Uhr, Erw. € 6, Kinder (ab 6. J.) € 4, Fam. € 18,50] führt. Dort erfahren

Sie Wissenswertes über dieses Lebensmittel und seine Gewinnung – vorausgesetzt Sie und Ihre Familie haben Lust auf einen Museumsbesuch.

Mittelalterliches Leitsystem

Spätestens nach diesem Museumsbesuch ist es höchste Zeit für eine Pause inklusive einer Stärkung. Schlendern Sie zurück in Richtung Grapengießerstraße, von der es linker Hand in die **Schröderstraße** abgeht. Diese gehört zu Lüneburgs bekanntesten Straßen. Im Mittelalter verhinderte eine besondere Vorrichtung hier die Zusammenrottung von Lüneburger Bürgern. Das klingt dramatischer, als es ist, denn eigentlich handelt es sich dabei um eine Art Verkehrsleitsystem: An strategisch wichtigen Punkten waren Ösen angebracht, in die eine Kette eingehackt und zur anderen Straßenseite gespannt werden konnte. Die so errichteten Straßensperren konnten die Menschenmengen an jeder beliebigen Stelle aufhalten und lenken. Einige dieser geschmiedeten Ösen an den Hauswänden sind noch erhalten. Aber die Schröderstraße ist noch aus einem anderen Grund von Bedeutung: Sobald die Sonne scheint, füllt sich die belebte Straße mit unzähligen Stühlen und Tischen, an denen sich die Menschen für eine kleine oder größere Pause niederlassen – tun Sie es ihnen gleich! Nach der Stärkung geht es weiter zum prächtigen Rathaus auf dem **Marktplatz**, wo an Samstagen und Mittwochen Markttrubel herrscht. Das **Rathaus** ist das prächtigste Gebäude Lüneburgs, das bereits im 13. Jahrhundert erbaut wurde und dessen große Ratsstube, die Innenräume und der Fürstensaal im Rahmen von Führungen besichtigt werden können [Am Ochsenmarkt 1, 21335 Lüneburg, Tel. 0800-220 50 05. Pro Person € 5, Fam. (2 Erw. u. 3 Kinder) € 12]. Der schöne **Luna-Brunnen** vor dem Barockgebäude schmückt den Marktplatz, von dem es nun wieder Richtung Auto geht. Flanieren Sie auf dem Rückweg die Lünertorstraße entlang, vorbei an der **St.-Nicolai-Kirche** [Lüner Str. 15, 21335 Lüneburg, Tel. 04131-243 07 70, www. st-nicolai.eu. Jan-März 10-16, April-Dez 10-18 Uhr]. Die dreischiffige Basilika in einer Seitenstraße ist die jüngste und kleinste der drei Hauptkirchen Lüneburgs und ihr gotisches Mittelschiff mit dem Sternengewölbe einen Blick wert. Von hier aus folgen Sie weiter der Lüner Straße, die in die Lünertorstraße übergeht, und kehren zurück zum Parkplatz oder zum Bahnhof.

Solebad oder Heideausflug?

Wie wäre es nach so viel Kultur mit Baden, Planschen und Entspannen? Hierfür ist das **Soleerlebnisbad SaLü** (siehe S. 32) perfekt. Alternativ dazu bietet sich ein Abstecher in das größte zusammenhängende Heidegebiet Europas an: die **Lüneburger Heide**, nach der Ostsee das beliebteste Ausflugsziel der Hamburger. Der Naturschutzpark umfasst stolze 234 Quadratkilometer und reicht von den Harburger Bergen bis nach Celle. Besonders schön ist dieser Ausflug natürlich zur Blütezeit im Spätsommer. Wussten Sie, dass die Heide eine von Menschenhand geschaffene Landschaft ist? Wo sich ursprünglich dichten Wälder erstreckten, entstand nach deren Abholzung und der Wiederaufforstung mit schnell wachsenden

> ## Heide-Delikatesse
> *Zugegeben, die kleinen Heidschnucken sind sehr süß, und wenn man sie in der Heidelandschaft sieht, dann mag man nicht daran denken, dass sie irgendwann als Delikatesse dieser Region auf den Tellern landen. Lassen Sie sich diese kulinarische Besonderheit nicht entgehen: Besonders schmackhaft wird der Lammbraten – sowie Forellengerichte – im* **Smes-Hof,** *einem beliebten Gasthaus mit schöner Außenterrasse – zubereitet. Der Name des Gasthofs, in dem Sie auch übernachten können, geht auf die Dorfschmiede zurück, die sich von 1643 bis 1854 an dieser Stelle befand. Wilseder Str. 7, 21274 Undeloh, Tel. 04189-234, www.smeshof.de. April-Okt Mi-Mo 11-21, Nov-März Fr-So 11-21 Uhr.*

Nadelbäumen auf dem trockenen und sandigen Boden die heutige Heidelandschaft mit Zwergsträuchern, allen voran der lila blühenden Besenheide.

Fahren Sie mit dem Auto in das etwa 35 Kilometer entfernte Undeloh, wo Sie zu einem kleinen Ausflug aufbrechen. Dieser führt Sie zum Wilseder Berg, den mit 169 Metern höchsten Gipfel der norddeutschen Tiefebene. Da das Naturschutzgebiet Lüneburger Heide für den Kraftfahrzeugverkehr gesperrt ist, haben Sie die Wahl zwischen einem rund einstündigen Spaziergang oder – was vor allem den Nachwuchs freuen wird – einer Fahrt mit der **Pferdekutsche.** Eine vorherige Reservierung ist nicht nötig, denn nahezu auf allen Parkplätzen stehen Kutschen bereit. Vor dem Spaziergang bzw. der -fahrt können Sie sich noch kurz im **Heide-ErlebnisZentrum** umsehen [Wilseder Str. 23, 21274 Undeloh, www.heide-erlebniszentrum. de, Tel. 04189-81 86 48. Tgl. 10-17 Uhr, Eintritt frei]. Das Informationshaus des Naturschutzparkvereins beleuchtet die Zusammenhänge zwischen Natur und Geschichte des Heidegebiets.

In Wilsede angekommen, werden Sie und Ihre Kids staunen, denn hier scheint die Zeit stehen geblieben zu sein. In dem malerischen Dörfchen mit einem guten Dutzend Reetdachhäusern, alten Treppenspeichern, Feldsteinmauern und mächtigen alten Bäumen leben nicht einmal mehr 50 Menschen. Dafür gibt es ein schönes Heimatmuseum, das einen Besuch lohnt – vorausgesetzt, alle Familienmitglieder sind noch aufnahmefähig. **Dat oole Huus** [Wilsede 9b, 29646 Bispingen-Wilsede, Tel. 04175-80 29 33. Mai-Anfang Okt tgl. 10-16 Uhr, Erw. € 3, Kinder (bis 16 J.) frei] führt Ihnen vor Augen, wie sich der Alltag bis zum Anfang des vergangenen Jahrhunderts in den abgelegenen Heidedörfern und auf den typischen Bauernhöfen abspielte. Wenn Sie lieber noch ein bisschen mehr Heideluft schnuppern möchten, spazieren Sie ein Stück den **Pastor-Bode-Weg** entlang, den wohl berühmtesten Wanderweg der Lüneburger Heide. Wilhelm Bode war ein Pastor, dem zu verdanken ist, dass die Lüneburger Heide unter Denkmalschutz steht. Glaubt man den Erzählungen, dann war es des Pastors letzter Wunsch, dass er nach seinem Tod nicht beigesetzt, sondern seine Asche über die Heide verstreut werde. Und Bodes Sohn soll der Bitte seines heimatverbundenen Vaters auch tatsächlich nachgekommen sein ...

Am schönsten ist ein Heideausflug natürlich zur Blütezeit im Spätsommer

Tour 10: Pack die Badehose ein

Lübeck • Travemünde • Timmendorfer Strand • Scharbeutz • Sierksdorf

Wo: in Lübeck und an der Küste Ostholsteins, nördlich von Lübeck – Wie: mit dem Auto oder Zug – Dauer: Zweitagesausflug mit Übernachtung – Nicht vergessen: Unterkunft buchen, Badesachen, Fotoapparat, Fernglas

Unsere letzte Tour führt Sie ins nördlichste Bundesland Deutschlands – nach Schleswig-Holstein. Denn nicht umsonst liegt das „Tor zur Welt" unmittelbar in der Nähe zum „Tor zum Norden", wie die **Hansestadt Lübeck** liebevoll von ihren Bewohnern genannt wird. Eine Vielzahl von Seebädern am Ufer der Lübecker Bucht bietet Familien die passende Kulisse für einen gelungenen Strandtag und macht sie zu einem der schönsten Abschnitte der deutschen Ost-seeküste. Hier lässt sich das Großstadttreiben bequem gegen Sommer, Sonne und Strand eintauschen. Und sollten Sie tatsächlich Stadtluft vermissen, dann fahren Sie einfach nach Lübeck. Achtung: Da die Region an den Sommerwochenenden rappelvoll ist, empfiehlt es sich, die Tour nach Möglichkeit unter der Woche zu unternehmen.

Museum und Wahrzeichen

Von Hamburg aus benötigen Sie mit dem Auto eine gute Stunde über die A 1, mit der Bahn etwa 45 Minuten. Nachdem Sie Ihr Auto am Bahnhof abgestellt haben, wo eine Vielzahl kostenpflichtiger Parkplätze zur Verfügung steht, schlendern Sie gemütlich zum Wahrzeichen Lübecks, dem **Holstentor**. Das einst

In neuem Glanz strahlt das Holstentor: Es wurde im Jahr 2006 restauriert

Lübecker Marzipan

*Marzipan ist keine Lübecker Erfindung, sondern kam im 15. Jahrhundert aus dem Vorderen Orient über Venedig in die Hansestadt. Die feste Masse aus blanchierten und geschälten Mandeln steht bei Süßschnäbeln seither hoch im Kurs. Erste Adresse für Lübecker Marzipan ist natürlich das **Café Niederegger** (Breite Str. 89, 23552 Lübeck, Tel. 0451-530 11 26, www.niederegger.de. Mo-Fr 9-19, Sa 9-18, So 10-18 Uhr). Das Café betreibt auch eine Filiale an der Travemünder Strandpromenade: Vorderreihe 56, 23570 Lübeck-Travemünde, Tel. 04502-20 31. Mo-Fr 9-18, Sa 9-18.30, So 10-18.30 Uhr.*

stigen Lübecker Fernhandel informiert und sogar eine Folterkammer zur Schau stellt [Holstentorplatz 1, 23552 Lübeck, Tel. 0451-122 41. 29. Jan-März Di-So 11-17, April-Dez tgl. 10-18 Uhr, Erw. € 5, Kinder (6-18 J.) € 2, Familien € 9]. Nach der spannenden Lerneinheit geht es über die **Holstenbrücke** links zur Untertrave, wo Sie ein Schiff für eine einstündige **Stadt-, Kanal- und Hafenrundfahrt** besteigen können [Reederei Cityschifffahrt H.G. Gabriel, Tel. 0451-296 34 24, www.cityschiffahrt.de. Tgl. Mai-Sep 10-17.30, März-April, Okt 11-15.30 Uhr, Erw. € 9, Kinder (bis 14 J.) € 4,50]. Dabei erfahren Sie viel Interessantes über die Stadt der sieben Türme, die zum Unesco-Weltkulturerbe gehört. Eine Seefahrt macht nicht nur Spaß, sondern auch Appetit. Wie wäre es mit DER hiesigen Spezialität? Gegenüber vom Anleger befindet sich der **Marzipan-Speicher**, ein wahres Paradies für Schleckermäuler [An der Untertrave 98, 23552 Lübeck, Tel. 0451-897 39 39, www.marzipanland.de. Tgl. 10-18 Uhr, Eintritt frei].

auf dem 50-Mark-Schein abgebildete Staddtor trennt die Altstadt von den westlichen Vierteln der Hansestadt und wurde zwischen 1464 und 1478 nach niederländischem Vorbild erbaut. Gehen Sie vom Bahnhof links hinter dem Kreisverkehr über die **Puppenbrücke**. Als erste steinerne Brücke ging diese in die Stadtgeschichte ein. Von hier sehen die Ausflügler bereits das Tor mit den beiden Türmen und der lateinischen Inschrift „Concordia Domi Foris Pax" („Eintracht drinnen, Frieden draußen") über dem Eingang. Heute beherbergt es das stadtgeschichtliche **Museum Holstentor**, in dem die Dauerausstellung „Die Macht des Handels" ihre Besucher in sieben Themenwelten über den ein-

Bei so vielen Marzipanleckereien fällt die Auswahl schwer

Lebensgroße Figuren aus süßer Mandelmasse, die es sogar ins Guinnessbuch der Rekorde geschafft haben, warten hier auf Leckermäuler.

Kirche mit Superlativen

Gut gestärkt geht es nun Richtung Fußgängerzone, indem Sie in die Alfstraße einbiegen und diese entlangspazieren, bis Sie vor den imposanten Mauern der **Marienkirche** stehen [Schlüsselbuden 13, 23552 Lübeck. April-Anfang Okt tgl. 10-18, Mitte Okt-Ende März tgl. 10-17, Nov-Mitte März tgl. 10-16 Uhr, Erw. € 2, Kinder frei]. Schauen Sie unbedingt rein,

Ein imposantes Meisterwerk: die astronomische Uhr in der Marienkirche

denn das Mittelschiff ist mit knapp 40 Metern das höchste Backsteingewölbe der Welt! Damit nicht genug, es beherbergt auch die einstmals größte mechanische Orgel der Welt, die mit ihren 100 Pfeifen nicht zu übersehen ist. Um auf ihr zu spielen, muss der Organist jedes Mal stolze 110 Stufen erklimmen. Die astronomische Uhr aus dem 16. Jahrhundert wurde im Zweiten Weltkrieg zerstört, doch in den 1960er-Jahren baute der Lübecker Uhrmacher Paul Behrens eine neue, die eine vereinfachte Replik des Originals ist. Direkt gegenüber befindet sich das **Buddenbrookhaus,** in dem Thomas Mann mit seiner vielköpfigen Familie wohnte [Mengstr. 4, 23552 Lübeck, Tel. 0451-122 42 40, www.buddenbrookhaus.de. Jan-März tgl. 11-17, April-Dez tgl. 10-18 Uhr, Erw. € 5, Kinder (6-18 J). € 3, Familien € 9]. Eine Ausstellung gibt Aufschluss über das Leben und Wirken der berühmten Familie. Weiter geht es nun in die **Fußgängerzone.** Biegen Sie von der Mengstraße rechts in die Breite Straße ein und bestaunen nach wenigen Metern rechter Hand das **Rathaus** [Breite Str. 62, 23552 Lübeck, Tel. 0451-122 10 05. Führungen Mo-Fr 11, 12, 15, Sa, So 13.30 Uhr, Erw. € 4, Kinder € 2, Fam. (2 Erw. u. 2 Kinder) € 10]. Es ist eins der größten und bedeutendsten Rathäuser Deutschlands, auf das die Lübecker sehr stolz sind. Von hier aus gehen Sie Richtung Bahnhof, indem Sie von der Breiten Straße in den Kohlmarkt biegen, der in die Holstenstraße mündet. Ein kleiner Durchgang führt links zur **Petrikirche** [Am Petrikirchhof 1, 23552 Lübeck, Tel. 0451-397 73 20, www.st-petri-luebeck.de. April-Sep tgl. 9-21, Okt-März tgl. 10-19

Uhr, Erw. € 3, Schüler € 2, Familien € 6]
Als Kirche der Schiffer und Seefahrer
beherbergt das dreischiffige Backsteingebäude in der nördlichen Turmkapelle
das Wrack eines Rettungsboots, das
1957 mit 80 Offizieren und Kadetten im
Atlantik untergegangen ist und zum
Segelschulschiff „Pamir" gehörte.
Wenn Sie jetzt noch Zeit und Lust haben, dann statten Sie noch dem **Theater-
FigurenMuseum**, das hinter der Kirche
liegt und die weltgrößte Sammlung
von Puppentheaterfiguren präsentiert,
einen Besuch ab [Kolk 14, 23552 Lübeck,
Tel. 0451-786 26, http://de.tfm-luebeck.
com. Fr-Mi 11-18 Uhr, Erw. € 4, Kinder
(4-12 J.) € 2, Schüler (ab 13 J.) € 3]. Auf
der Holstenstraße geht es nun über die
Puppenbrücke zurück zum Holstentor
und zum Bahnhof.

Ab an die See

Nun geht die Fahrt raus aus der Stadt in
Richtung **Travemünde**, an die schleswig-
holsteinische Küste. An Holsten- und
Hansahafen vorbei fahren Sie auf der
B 75 Richtung Norden und erreichen das
einstige Fischerdorf über Kücknitz und
Ivendorf. Stellen Sie das Auto am besten
auf dem Platz zwischen Baggersand und
Torstraße am Ortseingang ab. Von hier
aus sind es etwa 15 Minuten zu Fuß bis
zum **Leuchtturm**, der hier seit 1539 steht
und auf acht Geschossen ein maritimes
Museum beherbergt [Am Leuchtenfeld 1,
23570 Lübeck-Travemünde, Tel. 04502-
847 55 25, www.leuchtturm-travemuende.
de. Jan-Mitte April, Nov-23. Dez So 13-16,
Mitte April-Juni, Sep, Okt, Dez-1. Jan tgl.
13-16, Juli, Aug tgl. 11-16, Erw. € 2, Kinder (bis 14 J.) € 1]. Oben angekommen
haben Sie einen hervorragenden Blick

Unterwasserbühne

*Weltweit das einzige Theater
seiner Art ist das **Lübecker
Wasser Marionetten Theater,**
in dem sich die Bühne tatsächlich unter Wasser befindet. Je
nach Inszenierung werden die
Marionetten, die aus Latex oder
Schaumstoff bestehen, in Was-
serbassins mit einem Fassungs-
vermögen von zehn Litern bis zu
3.000 Litern bewegt, untermalt
von faszinierenden Licht-,
Farb- und Toneffekten. Auf dem
Programm stehen Stücke für
Erwachsene und Kinder.
Einsiedelstr. 6, 23554 Lübeck,
Tel. 0451-293 75 81, www.
wassertheater.de.*

auf die Ostsee. Und bevor Sie sich am
Nachmittag endlich den Sandburgen,
Wellen und kleinen Meerespiraten wid-
men, machen Sie noch einen Abstecher
zur **Viermastbark Passat** [Am Priwall-
hafen 16, 23570 Lübeck-Travemünde,
Tel. 04502-99 97 28, www.ss-passat.
com. Anf. April-Okt tgl. 10-17 Uhr, Erw.
€ 3, Kinder (6-18 J.) € 1,50]. Sie ist das
Schwesterschiff der Lübecker „Pamir"
und mit ihren 56 Meter hohen Masten
heute das Wahrzeichen Travemündes.

Unterkunft mit Kids-Club

Legen Sie nun eine Strandpause ein,
bevor es am späten Nachmittag Richtung
Timmendorfer Strand geht. Über die
B 76 brauchen Sie etwa 15 Minuten
bis in das bekannte Ostseebad, wo Sie
sich im **Maritim ClubHotel** einmieten

können [An der Waldkapelle 26, 23669 Timmendorfer Strand, Tel. 04503-60 70, www.maritim-club.de]. Der ganzjährig geöffnete Kinderclub, das Barbie-Themenzimmer für Mädchen und ein Hot-Wheels-Raum für Jungs lassen Kinderherzen höherschlagen, das Wellnessangebot der Vier-Sterne-Hotels die der Eltern. Lassen Sie den Tag entweder mit einem Spaziergang durch die Fußgängerzone ausklingen oder genießen Sie die letzten Sonnenstrahlen am Strand, der nur wenige Schritte vom Hotel entfernt ist. Sollten Sie noch Zeit und Lust haben, dann „tauchen" Sie im **Sea Life** in tropische und heimische Unterwasserwelten ab [Kurpromenade 5, 23669 Timmendorfer Strand, Tel. 04503-35 88 88, www.sealifeeurope.com. März-Juni, Sep, Okt tgl. 10-18, Juli, Aug tgl. 10-19, Nov-Feb 10-17 Uhr, Erw. € 13,50, Kinder (3-14 J.) € 9,95]. „H(a)ighlight" ist die „Tropische Lagune der Haie" mit einem 220.000-Liter-Meerwasserbecken.

Entspannung und Action

Am nächsten Morgen geht es weiter. Nach dem Frühstück führt der Weg direkt an den Strand. Ein Strandkorb, ein paar Sonnenstunden, und dann geht es mittags weiter Richtung Norden nach Scharbeutz. Entlang der Strandallee und der malerischen Lübecker Bucht fahren Sie an der **Ostsee-Therme** vorbei, wo eine 150 Meter lange Wasserrutsche, eine Wasserkanone und der Strömungskreisel locken [Strandallee 143, 23683 Scharbeutz, Tel. 04503-35 26 16, www. ostsee-therme.de. Tgl. 9-22 Uhr, 3 Std. Erw. € 18, Kinder (4-15 J.) € 10 (15-20 J.) € 16, Familientageskarte € 36]. Die letzte Etappe führt Sie nach **Sierksdorf**, zum

Wimbledon des Volleyballs

*Alljährlich im August wird Timmendorf zum Wimbledon des Volleyballs. Für die **Deutschen Smart-Beachvolleyball-Meisterschaften** verwandelt sich der Sandstrand in ein Sportmekka. Falls Sie Julius Brink und Jonas Reckermann oder Sara Goller und Laura Ludwig mal live pritschen und baggern sehen möchten, haben Sie hier Gelegenheit dazu. Der Eintritt ist frei, die Sitzplatzreservierung kostenpflichtig (€ 25/Tag). www.smart-beach-tour.de.*

nördlichsten Etappenziel dieser Tour. Falls Sie und Ihre Kinder der Meinung sind, dass heute schon genug gebadet wurde, steuern Sie nicht den feinsandigen Strand, sondern eine Attraktion ganz anderer Art an: den **Hansa-Park**, in dem Sie unter anderem der „Fluch von Novgorod" erwartet, die weltweit steilste Dunkelachterbahn [Am Fahrenkrog 1, 23730 Sierksdorf, Tel. 04563-47 40, www. hansa-park.de. Mitte April-Mitte Okt tgl. 9-18 Uhr. Erw. € 30, Kinder (bis 4 J.) frei, (4-14 J.) € 24]. Und zum Schluss besuchen Sie noch eine Skurrilität: Deutschlands einziges **Bananenmuseum** [Prof.-Haas-Str. 59, 23730 Sierksdorf, Tel. 04563-83 35, www.bananenmuseum.de. Sa, So 11-23 Uhr, Erw. € 2, Kinder (bis 16 J.) € 1,50]. Hier wird nicht nur der Frage nachgegangen, warum die Banane krumm ist, Sie können die gelbe Frucht auch in 10.000-facher Ausfertigung bewundern.

Tierpark Hagenbeck

Hagenbecks Tierpark ist ein Muss für alle Tierliebhaber. Mehr als 1.850 Tiere aus allen Kontinenten leben auf dem Gelände, auf dem sich Gründer Carl Hagenbeck 1907 seinen großen Traum erfüllte. Sein Vorhaben, Tiere nicht in Käfigen zu halten, setzte er kurzerhand um und schuf auf diese Weise gitterlose, natürliche Lebensräume für alle Parkbewohner. Die Gehege sind bis heute „nur" durch tiefe Gräben von ihren Besuchern getrennt, sodass man sie (fast) wie in freier Wildbahn beobachten kann: Ob indonesische Orang-Utans, nordchinesische Leoparden oder asiatische Elefanten – sie alle haben hier ihr Refugium gefunden und fühlen sich pudelwohl. Besonders stolz ist der Tierpark auf den

Der Zoo und der Krieg
Während des Zweiten Weltkriegs wurde Hagenbecks Tierpark fast vollständig zerstört. Durch Bombenangriffe kamen neun Mitarbeiter und zahlreiche Tiere ums Leben. Während des Wiederaufbaus wurden Elefanten eingesetzt, um die Trümmer wegzuräumen. Damit die Tiere genug Futter hatten, sammelten Hamburger Schüler Eicheln und Kastanien.

Nachwuchs, der hier zur Welt kommt. 2003 schrieb man sogar Geschichte, als erstmals in einem deutschen Zoo ein Elefantenbaby ohne menschliche Hife zur Welt kam. Neben dem Tierpark, in dem 50 Pfleger für das Wohl der etwa 210 Tierarten sorgen, ist das **Tropen-Aquarium** ein Highlight. 2007 eröffnete der separate Bau seine Pforten. Neben Krokodilen und Giftschlangen lassen sich farbenprächtige und mitunter auch seltene oder gar gefährliche Meeresbewohner bestaunen. Das Hai-Atoll ist mit 1,8 Millionen Litern eine der größten Meerwasseranlagen Europas.

Lokstedter Grenzstr. 2, 22527 Hamburg, Tel. 040-53 00 33-0, www.hagenbeck.de. Nov-Ende Feb 9-16.30, März-Ende Juli, Sep-Ende Okt 9-18, Juli, Aug 9-19 Uhr, Erw. € 17, Kinder (4-16 J.) € 12, Fam. € 53.
Anfahrt: *U 2 Hagenbecks Tierpark*

Bei Hagenbecks gibt's auch Gelegenheit zum Rüsselschütteln

Miniatur Wunderland Hamburg

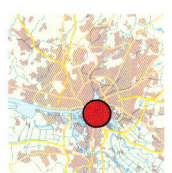

Wie wäre es mit einem kleinen Tagesausflug: zuerst in die Alpen, anschließend in die Schweiz, danach gen Skandinavien und zum Abschluss noch ein Abstecher nach Amerika? Nichts einfacher als das, denn im Miniatur Wunderland, kurz MiWuLa, sind dem Reisen fast keine Grenzen gesetzt: Während Sie die größte Modelleisenbahn der Welt bewundern, tingeln Sie bequem um den Globus und lassen sich von der insgesamt 1.150 Quadratmeter großen Miniaturlandschaft in der Speicherstadt verzaubern. Auf einer Gleislänge von 12.000 Metern fahren, digital gesteuert, etwa 890 Züge mit mehr als 11.000 Waggons umher.

Wie alles begann ...

Es waren einmal Zwillingsbrüder. Frederik Braun, der Jüngere von beiden, hatte sich zum Ziel gesetzt, die „größte Micky-Maus-Heft-Sammlung der Welt" zusammenzutragen. Gerrit Braun, der Erstgeborene, baute lieber Iglus aus Zigarettenstangen. Im Jahr 2000 hegten der Sammler und der Bastler jedoch den gleichen Traum: die größte Modelleisenbahnanlage der Welt zu erschaffen. Und daraus wurde das „MiWuLa" mitten in der Hansestadt Hamburg.

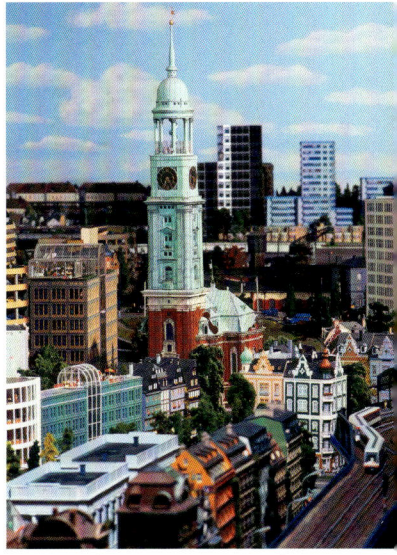

Das Hamburg-Panorama – nachgebaut im Miniatur Wunderland

Dabei passieren sie die Everglades, Cape Canaveral, halten bei einer Schokoladenfabrik und düsen durch ein Skigebiet in den Alpen. Bei so viel Action ist es nicht verwunderlich, dass auch die 250.000 Figuren aus dem Staunen nicht rauskommen.

Kehrwieder 2-4, Block D, 20457 Hamburg, Tel. 040-300 68 00, www. miniatur-wunderland.de. Mo, Mi, Do, Fr 9.30-18, Di 9.30-21, Sa 8-21, So 8.30-20 Uhr, Erw. € 12, Kinder (bis 16 J.) € 6, Kinder (unter 1 m) frei. **Anfahrt:** *U 3 Baumwall*

Kl!ck Kindermuseum

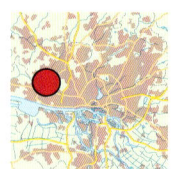

Unglaublich, aber wahr: Das Kl!ck Kindermuseum ist mit seinen 2.800 Quadratmetern Gesamtausstellungsfläche das größte Kindermuseum in Deutschland. Anfassen und Mitmachen werden hier großgeschrieben und sind sogar ausdrücklich erwünscht. Nehmen Sie Ihren Nachwuchs doch einmal mit in „Urgroßmutters Alltagsleben". In dieser festen Dauerausstellung geht es zu wie in den 1950er-Jahren, als die Wäsche noch mit Rubbelbrettern gewaschen, der Kaffee mit der Hand gemahlen und alltägliche Arbeiten ohne Strom verrichtet wurden.

Landhaus Walter

Seien Sie ehrlich, haben Sie schon mal den „Fluch der Karibik" probiert oder „Pinocchios nasenlange Spaghetti" gegessen? Wahrscheinlich nicht, denn diese Gerichte sind für den Nachwuchs bestimmt, während Erwachsene mit leckeren Fischgerichten oder auf den Punkt gegarter Pasta verwöhnt werden. Bei schönem Wetter sollten Sie dem Biergarten mit seinen alten Linden einen Besuch abstatten. Hindenburgstr. 2, 22303 Hamburg, Tel. 040-27 50 54, www.landhaus-walter.de, U 3 Borgweg.

Die Besucher des Kindermuseums gestalten die Exponate mit – und um

Am „Treffpunkt Körper" können Kinder ihre Reaktionsgeschwindigkeit messen oder in einer „Gebärmutter" schaukeln. Bei gutem Wetter geht es raus auf die Baustelle, schließlich will das Maurern, Klempnern und Dachdecken auch gelernt sein. Und wer schon immer wissen wollte, wer das Geld erfunden hat, und Scheine selbst herstellen möchte, der sollte sich „Geld – und gut!" anschauen.

Achtern Born 127, 22549 Hamburg, Tel. 040-41 09 97 77, www.klick-kinder museum.de. Mo-Fr 9-18, So 11-18 Uhr, Erw. € 4, Kinder (bis 3 J.) € 3, Fam. € 12.
Anfahrt: *Bus 3, 21, 37 Achtern Born (Kindermuseum)*

Planetarium im Stadtpark

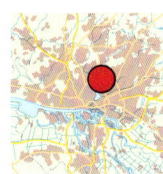

Was halten Sie von einem kleinen Abstecher auf den Mond und einem anschließenden Spaziergang im Weltall? Hierfür brauchen Sie noch nicht mal eine Weltraumkapsel oder ein Space-Shuttle, die Sie dahin befördern. Denn mitten im Hamburger Stadtpark ragt ein 38 Meter hoher Wasserturm himmelwärts, der seit 1930 das Planetarium beherbergt. Ein breit gefächertes Programm für Alt, Jung und Familien ermöglicht spannende Ausflüge in die unendlichen Weiten des Universums.

Unternehmen Sie mit Ihrem Nachwuchs eine Reise getreu dem Motto: „Sonne, Mond und Sterne". Hier erfahren Sie, was

Unter der Kuppel des ehemaligen Wasserturms tut sich das Weltall auf

im Weltall passiert, während auf der Erde Tag ist, Sie verfolgen einen Monat lang den Lauf des Mondes, entdecken Sterne und wandern auf Mondkratern. Wer sich lieber musikalisch über das Treiben im All informieren möchte, der sollte das Sternenmusical „Der kleine Tag" nicht verpassen. Rolf Zuckowski entführt kleine und große Besucher in eine musikalisch-poetische und fröhliche Reise auf einem Lichtstrahl.

Ein weiteres Highlight ist das 360-Grad-Abenteuer „Kaluoka'hina – Das Zauberriff", das Zuschauer ausnahmsweise nicht ins All, sondern in die aufregende Unterwasserwelt entführt. Das Tagesprogramm finden Sie auf der Homepage.

Hindenburgstr. 1b, 22303 Hamburg, Tel. 040-42 88 65 20, www.planetarium-hamburg.de. Mo, Di 9-17, Mi, Do 9-21, Fr 9-21.30, Sa 12-21.30, So 10-20 Uhr, Erw. € 8, Kinder (bis 15 J.) € 5, Konzerte Erw. € 19,50-22, Kinder (bis 15 J.) € 13,50-14,50.
Anfahrt: *U 3 Borgweg*

Was ist eigentlich der Unterschied ...

... zwischen Sternwarte und Planetarium? Der Unterschied zwischen den beiden liegt darin, dass man im Ersteren die wirklichen Himmelsobjekte beobachten kann, während man im Zweiten den simulierten Sternenhimmel betrachtet. Bis zum 19. Jahrhundert verstand man unter „Planetarium" ein Gerät zur Veranschaulichung des Planetenlaufs. Dieser mechanische Apparat wird heute als „Orrery" bezeichnet.

Panoptikum

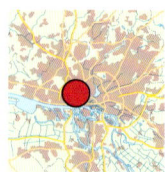

Das Panoptikum in Hamburg wurde 1879 gegründet und ist somit Deutschlands ältestes Wachsfigurenkabinett, das sich immer noch am gleichen Ort und im Besitz der Familie Faerber befindet. Bei Ihrem Rundgang durch die Ausstellung treffen Sie auf berühmt-berüchtigte Persönlichkeiten aus Geschichte, Kultur, Politik, Sport und Showbusiness, unter ihnen Kanzlerin Angela Merkel, Robbie Williams, Harry Potter und dessen Filmdarsteller Daniel Radcliffe, Fußballidol Uwe Seeler, Kaiserin Sisi und Papst Benedikt XVI. Wer Nervenkitzel und Gänsehautfeeling liebt, sollte die Gruselecke nicht auslassen. Rallyebögen sowohl speziell für Kinder als auch für Erwachsene machen den Besuch noch spannender und versorgen Sie mit Hintergrundwissen. Und schließlich bekommen Sie auch noch einen Einblick in die diffizile und aufwendige Kunst der Wachsfigurenherstellung.

US-Präsident Obama wird im Panoptikum ab und an aufgefrischt

Spielbudenplatz 3, 20359 Hamburg, Tel. 040-31 03 17, www.panoptikum. de. Mo-Fr 11-21, Sa 11-24, So 10-21 Uhr, Erw. € 5, Kinder (bis 18 J.) € 3. **Anfahrt:** *U 3 St. Pauli*

HSV-Museum

Dass der Hamburger Sportverein eine feste Größe in der Bundesliga ist, weiß jeder Fußballfan. Dass die zahlreichen Ereignisse seit seiner Gründung im Jahr 1887 jedoch gleich ein ganzes Museum füllen, das weiß der eine oder andere vielleicht noch nicht. Im 700 Quadrat-

(Nicht nur) für eingefleischte Fans ist das HSV-Museum ein Erlebnis

meter großen HSV-Museum, das seine Pforten im Jahr 2004 eröffnete, erinnern nicht nur Trophäen an die größten Erfolge, sondern Besucher erfahren hier auch viele persönliche Anekdoten und Schicksale der Sportler, Fans und Mitglieder, die den HSV zu dem machten, was er heute ist: der drittgrößte Sportverein Deutschlands. Darüber hinaus bietet der HSV täglich Führungen durch die Imtech Arena an, bei denen man

einen Blick in Mixed Zone, VIP-Bereich und Pressekonferenzraum werfen darf. Höhepunkt der 75-minütigen Tour ist die Besichtigung der Spielerkabinen.

Sylvesterallee 7, 22525 Hamburg, Tel. 040-41 55 15 50, www.hsv.de. Tgl. 10-19 Uhr. Kombiticket (Museum u. Führung) Erw. € 10, Kinder € 8, Fam. € 28.
***Anfahrt:** Bus 180 Arenen*

Hamburg Airport

Eine Modelleisenbahn kennt jeder, aber wer hat schon mal ein Flughafenmodell mit startenden und landenden Flugzeugen gesehen? Mitarbeiter des Hamburg

Airports erläutern an diesem, wie ein Flugzeug abgefertigt wird, erklären die Gebäude und technischen Einrichtungen sowie die Geschichte des Flughafens.

Flughafenstr. 1-3, 22335 Hamburg, www.hamburg-airport.de, Modellschau: Tel. 040-50 75 26 44, modellschau@hamburg-airport.de. Tgl. 10, 12, 14, 16 Uhr, Erw. € 4,50, Kinder (bis 14 J.) € 2, Fam. € 11.
***Anfahrt:** S 1 Hamburg Airport*

100 Jahre jung

*Hoch soll er leben: Der **Hamburg Airport** feiert in diesem Jahr seinen 100. Geburtstag. Damit ist der Flughafen nicht nur der größte Norddeutschlands, sondern auch der älteste, der sich noch an seinem ursprünglichen Standort befindet. Neben einer Ausstellung mit den Meilensteinen der Flughafengeschichte und Zeitzeugenberichten erschien ein Buch zum Jubiläum. www.100-jahre-hamburg-airport.de.*

Der Hamburger Flughafen wurde im Modell maßstabsgetreu nachgebildet

HOGA-Hochseilgarten

Wer würde sich nicht gern mal wie Tarzan hoch oben in den Baumkronen des Urwalds von Ast zu Ast schwingen? Mit einem Urwald kann der Hochseilgarten in Geesthacht auf seinen 8.000 Quadratmetern zwar nicht dienen, wohl aber mit spannenden Parcours in luftiger Höhe, die insgesamt 100 Plattformen umfassen. Diese sind mit Drahtseilen, Schaukeln, Schwebebahnen so verbunden, dass Strecken in vier verschiedenen Höhen und mit unterschiedlichen Schwierigkeitsgraden entstehen. Für die kleinen Klettermaxe gibt es einen

Tarzan und Jane live

Als Meuterer Tarzan mit seinen Eltern an der afrikanischen Küste aussetzen, ist er noch ein Baby. Kurz darauf sterben seine Eltern an einer Krankheit. Fortan wird Tarzan von Affen aufgezogen, die sich liebevoll um den Jungen kümmern. Im Dschungel erlebt er viele Abenteuer, bis er eines Tages auf Jane trifft, die Tochter eines Wissenschaftlers, in die er sich prompt verliebt. Wer die tolle Geschichte live erleben möchte, sollte das **Musical „Tarzan"** *besuchen. Theater Neue Flora, Stresemannstr. 159a, 22769 Hamburg, Tel. 18005-44 44 (14 Ct./Min.), www.stage-entertainment.de, S 11, 21, 31 Holstenstraße.*

Kinder-Hochseilgarten in 2,40 Metern Höhe, dessen letzter Abschnitt per Seilbahn bewältigt wird. Dass jeder bei seinem Höhenausflug per Klettergurt und Seil gesichert ist, versteht sich.

Elbuferstraße, 21502 Geesthacht, Tel. 04152-90 77 92, www.hoga-hochseil garten.de. Mitte März-Mitte Nov Di-So 10-17 Uhr (letzter Einlass), Erw. € 16, Kinder (11-16 J.) € 14, Kinder (bis 10 J.) € 12. Anmeldung erwünscht. **Anfahrt:** *Bus 12 Geesthacht ZOB, dann Bus 8890, 8892 bis Pumpspeicherwerk*

Im Hochseilgarten kommt mancher an seine Grenzen – und darüber hinaus

Hamburger Michel

Der „Michel", wie die Hamburger die St.-Michaelis-Kirche liebevoll nennen, ist das Wahrzeichen der Hansestadt. Nach einem verheerenden Brand bei Bauarbeiten 1906 war der damals 132 Meter hohe Turm von St. Michaelis nicht mehr zu retten und stürzte ein. Dass der Michel in den sechs Folgejahren dennoch wiederaufgebaut wurde und noch immer als schönste Barockkirche Norddeutschlands gilt, verdankt er der Spendenbereitschaft vieler Hamburger und Menschen aus aller Welt. Weitgehend originalgetreu wurde der Turm 1912 wiederaufgebaut. Allerdings nicht erneut aus Holz, sondern aus Stahl, Eisen und mit Kupferplatten. Etwas Besonderes schmückt ihn, nämlich seine Turmuhr, die mit acht Metern Durchmesser und einem fünf Meter langen Minutenzeiger die größte Uhr Deutschlands ist. Innen besitzt der Michel drei Orgeln, die größte verfügt über 6.665 Pfeifen, 85 Register und fünf Manuale. Spannend ist der Abstieg in das Gruftgewölbe, wo insgesamt 2.145 Menschen bestattet wurden. Zudem informiert dort eine Ausstellung über die Geschichte der Kirche.

Aus den Tiefen geht's schließlich hinauf zur 82 Meter hohen Aussichtsplattform, von der Sie einen atemberaubenden Blick über Hamburg haben. Keine Sorge, wer die Treppen nicht laufen möchte, der kann sich per Fahrstuhl nach oben katapultieren lassen.

Der „Michel" ist eine der fünf Hauptkirchen und Hamburgs Wahrzeichen

Englische Planke 1, 20459 Hamburg, Tel. 040-37 67 80, www.st-michaelis.de. Nov-April 10-17.30, Mai-Okt 9-19.30 Uhr, Erw. € 4, Kinder (bis 12 J.) € 3.
***Anfahrt:** S 1-3 Stadthausbrücke*

Hamburgs Kirchen
Fünf Hauptkirchen prägen das Stadtbild Hamburgs: **St. Petri, St. Jacobi, St. Katharinen, St. Nikolai** *und* **St. Michaelis (Michel).** *Alle wurden mehrfach durch Brände oder Kriege zerstört und bis auf St. Nikolai immer wieder aufgebaut. Wegen der von wohlhabenden Kaufleuten und Handwerkern für Bau und Ausstattung geleisteten Spenden haben sie den Beinamen „Bürgerkirchen".*

Rabatzz!

Toben, rennen, klettern, krabbeln, rutschen, springen, hüpfen: So richtig Rabatz(z) können Ihre Kinder im größten Hallenspielplatz der Hansestadt machen. Denn hier gibt es alles, was das kleine Tobeherz begehrt: Von Hüpfburgen und Soccerfeldern über Trampoline bis zum Kletterlabyrinth und Formula-Elektrokarts. Doch vor allem geht es in der riesigen Halle um außergewöhnlichen Spielspaß. Einzigartige Attraktionen wie der SkyTrail, ein Mut- und Geschicklichkeits-Hochseilgarten, der Power-Aqua-Paddler oder die Riesenwellenrutsche sind exklusiv nur im Rabatzz! zu finden. Wer es lieber ruhiger angehen lässt, der kann sein Können beim „Kidzz-Bowling im Hühnerstall" unter Beweis stellen oder sich als Architekt versuchen und aus riesigen, aber

Im Rabatzz!, Hamburgs größten Hallenspielplatz, geht's rund

Kaffeehauskultur

Wer nach dem Toben Lust auf Kaffee und Kuchen verspürt, der sollte im benachbarten Eppendorf das Café Lindtner aufsuchen. Es gehört zu den wenigen klassischen Kaffeehäusern Deutschlands und ist außerdem als Confiserie wohlbekannt. Seit mehr als einem halben Jahrhundert in einem Gründerhaus ansässig, lädt das nostalgische Ambiente des Cafés zu Kakao, einem Cappuccino und einem Stück Torte ein. Eppendorfer Landstr. 88, 20249 Hamburg, Tel. 040-480 60 00, www.konditorei-lindtner.de, U 3 Kellinghusenstraße. Mo-Sa 8.30-20, Sa 10-19 Uhr.

weichen Lego-Bausteinen sein persönliches Schloss errichten.

Die ganz Lütten finden ihr (Spiel-)Glück im abgegrenzten „Little-rabatzz!-Kleinkinderbereich". Und damit auch ja kein Familienmitglied zu kurz kommt, haben die Betreiber auch an die Großen gedacht: Alle Attraktionen (mit Ausnahme der Power-Aqua-Paddler) sind auch für Erwachsene geeignet, sodass der Familienspaß garantiert ist.

Kieler Str. 571, 22525 Hamburg, Tel. 040-54 70 96 90, www.rabatzz.de. Mo-Fr 14-19, Sa, So 10-19 Uhr, Erw. € 5,50, Kinder (bis 3 J.) € 4,50, Kinder (3-15 J.) € 8,50.
Anfahrt: *Bus 4, 183, 281, 283 Wördemanns Weg*

Sorgen für den Gänsehauteffekt im Dungeon: Schauspieler und bizarre Requisiten

Hamburg Dungeon

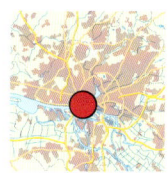

Zehn Jahre sollten Ihre Kids mindestens alt sein, wenn Sie sich mit ihnen in den Hamburg Dungeon wagen wollen, denn Gänsehaut ist vorprogrammiert! Piraten, Pest und Cholera sowie der Große Brand von 1842 gehören zum festen Repertoire des Kerkers in der Speicherstadt. Verkleidete Schauspieler, tolle Spezialeffekte und realistische Kulissen lassen die dunkelsten Episoden der Stadtgeschichte wiederaufleben. So zum Beispiel die Hinrichtung des wohl bekanntesten Seeräubers, Klaus Störtebecker (siehe S. 40) im Jahr 1401. Oder werden Sie Augenzeuge der schlimmsten Flut des 18. Jahrhunderts, als ein gefährlicher Sturm ohne Gnade über Hamburg hinwegfegte. 90 Minuten dauert der Rundgang, der nichts für schwache Nerven ist: Schritt für Schritt werden die dunklen Seiten der Vergangenheit aufgedeckt und die Besucher in den Bann gezogen ... Insgesamt zehn Liveshows und aufregende Fahrattraktionen erzählen von der gruselige Vergangenheit der Hansestadt. Aber keine Sorge: Mit einer ordentlichen Portion schwarzen Humor bringen die Schauspieler die Zeitreisenden zwischendurch immer wieder zum Lachen.

Kehrwieder 2, 20457 Hamburg, Tel. 040-36 00 55 20, www.the-dungeons. de/hamburg. April-Okt tgl. 10-19, Nov-März tgl. 10-18 Uhr, Erw. € 19,95, Kinder € 15,95.
Anfahrt: *U 3 Baumwall*

Museumsschiffe

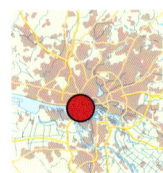

Zwischen Südamerika und Hamburg war die Cap San Diego im Einsatz

Zwei Museumsschiffe, die Cap San Diego und die Rickmer Rickmers, haben an den Landungsbrücken festgemacht. Die **Cap San Diego** ist der größte noch seetüchtige Museumsfrachter der Welt. Als „Weißer Schwan des Südatlantiks" war sie ab 1961 für die Reederei Hamburg Süd im Dienst. 1986 wurde das Schiff zum Museum umfunktioniert und ist heute eins der originellsten Hotels in Hamburg: Zwölf Kabinen an Bord können von Übernachtungsgästen angemietet werden. Besichtigt werden kann das Schiff von der Brücke bis zum Wellentunnel. Ein besonderes Event: Am Wochenende ist der Funkraum von 11 bis 16 Uhr durch einen Funker besetzt, der den Kindern das Morsen beibringt.

Die **Rickmer Rickmers** liegt wenige Meter stromabwärts. Aus einer anderen Generation stammend ist der Dreimaster eine wahre Antiquität. Gebaut wurde der Segler 1896 als Frachtschiff und diente bis 1962 als Schulschiff in Portugal. Seinen Namen verdankt es dem damals vierjährigen Enkel des Firmengründers. Seine Gestalt reiste als Galionsfigur am Bug, für die er Pate stand, mehrfach um die Welt. Besonderheiten an Bord: die Badewanne des Kapitäns und eine Schiffsapotheke. Der ehemalige Frachtraum dient heute als Restaurant, im Maschinenraum kann man Dampfmaschine und Dieselmotor bestaunen.

Cap San Diego, Überseebrücke, 20459 Hamburg, Tel. 040-36 42 09, www.capsandiego.de. Tgl. 10-18 Uhr. Erw. € 7, Kinder (4-13 J.) € 2,50, Kinder (ab 14 J.) € 4, Fam. € 14.
Rickmer Rickmers, Landungsbrücken, Ponton 1a, 20359 Hamburg, Tel. 040-319 59 59, www.rickmer-rickmers. de. Tgl. 10-18 Uhr, Erw. € 4, Kinder (4-12 J.) € 3, Fam. € 9.
Anfahrt: U 3, S 1-3 Landungsbrücken

Speisen mit Hafenblick

Der Rundumblick über den Hamburger Hafen, hanseatische Fischspezialitäten und ein netter Klön mit der Belegschaft – was will ein hungriger Hamburg-Besucher mehr? Wer keine Zeit für ein ausgiebiges Dinner im **Restaurant Überseebrücke** *hat, kann sich im* **Bistro** *einen kleinen Happen genehmigen, bevor er zur nächsten Sightseeing-Etappe aufbricht. Johannisbollwerk 2, 20459 Hamburg, Tel. 040-31 29 29, www.ueberseebruecke.com.*

Freilichtmuseum am Kiekeberg

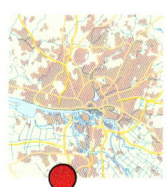

Bei unseren Vorfahren ging es ein wenig anders zu als bei uns heute: Man musste sich mit anderen Menschen eine Schlafkoje teilen, hatte keinen Kühlschrank und keinen Strom. Und woher kam eigentlich das Wasser, als es noch keinen Wasserhahn in der Küche gab? Die Antworten auf all die Fragen hat das Freilichtmuseum am Kiekeberg. Zwölf Mitmachstationen erklären anschaulich, wie sich das Leben früher abspielte. Hier wird die Vergangenheit lebendig, denn in 33 historischen Gebäuden, die aus der Zeit vom 17. bis 20. Jahrhundert stammen, können Kinder sich aktiv mit der Kulturgeschichte der nördlichen Lüneburger Heide und der Elbmarschen auseinandersetzen. Ein Highlight für Tierliebhaber sind die verschiedenen Haustiere: Schweine, Hühner, Schafe, Rinder. Eben all jene Tiere, die früher zum Hofleben dazugehörten. Der **Wassererlebnispfad** bringt neben dem großen Wasserspielplatz nicht nur ein spritziges Vergnügen, sondern erklärt auch, wie unsere Vorfahren mit dem lebensnotwendigen Nass wirtschafteten. Wer Hunger verspürt, der kann sich im museumseigenen **Gasthaus** mit deftiger Hausmannskost oder Kaffee und Kuchen für den lehrreichen Tag belohnen.

Am Kiekeberg 1, 21224 Rosengarten-Ehestorf, Tel. 040-790 17 60, www.kiekeberg-museum.de. Nov-Feb Di-So 10-16, März-Okt Di-Fr 9-17, So, Sa 10-18 Uhr, Erw. € 7, Kinder (bis 18 J.) frei.
Anfahrt: *Bus 340, 4244 Museum Kiekeberg*

Kombikarte

*Wer den Besuch des Freilichtmuseums mit dem **Wildpark Schwarze Berge** (siehe S. 100) koppeln möchte, der kann sparen: Die Kombikarte ermöglicht einen rabattierten Eintritt für beide Attraktionen und gilt an zehn aufeinanderfolgenden Tagen. Erwachsene zahlen pro Karte € 12,50 Kinder im Alter von 3 bis 14 Jahren € 6,50. Erhältlich im Museum.*

Kleine Besucher dürfen am Kiekeberg auch mit anpacken

Wildpark Schwarze Berge

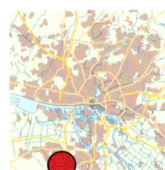

In diesem Zoo, der ganz im Süden der Hansestadt liegt, sucht man Löwen, Tiger und Elefanten vergeblich, denn hier dreht sich alles um europäische Wildtiere – von Fledermäusen über Biber, Damwild und Elche bis zu Wölfen und Braunbären. Sie leben auf dem weitläufigen Areal in Gehegen, die ihren natürlichen Lebensräumen nachempfunden sind und in denen man die in der Natur oft scheuen Tiere aus nächster Nähe beobachten kann –

Wildparkbienen

Von Albert Einstein stammt einst die Aussage „Wenn die Biene von der Erde verschwindet, dann hat der Mensch nur noch vier Jahre zu leben". Und weil Bienen für uns so wichtig sind, spielt das Thema im Wildpark auch eine zentrale Rolle. Neben gewöhnlichen Bienenständen gibt es daher auch einen Lehrbienenstand.

teils auch mithilfe einer Kamera. Auf Tuchfühlung können kleine Besucher dagegen mit den Bewohnern des Streichelzoos gehen. Wer hoch hinauswill, erklimmt den Elbblickturm, der einen sensationellen Ausblick über den Rosengartenwald, die Elbtalaue bis hin zum Hamburger Hafen und nach Blankenese verspricht. Auch der parkeigene Spielplatz hat es in sich: Luna-Loop, Butterfly-Banane, eine Tunnelrutsche mit Kletterturm versprechen spannende Outdoor-Abenteuer. Wenn danach der Magen knurrt, dann schafft das **Wildpark Restaurant Schwarze Berge** mit Sicherheit Abhilfe.

Am Wildpark 1, 21224 Rosengarten, Tel. 040-81 97 74 70, www.wildpark-schwarze-berge.de. April-Okt tgl. 8-18, Nov-März tgl. 9-17 Uhr, Erw. (ab 15 J.) € 8,50, Kinder (3-15 J.) € 6,50.
***Anfahrt:** Bus 340 Wildpark Schwarze Berge*

Das Streichelgehege macht's möglich: Seite an Seite mit den Zwergziegen

Einblicke in Miniaturwelten von anno dazumal verschafft das Puppenmuseum

Puppenmuseum Falkenstein – Sammlung Elke Dröscher

Im Sven-Simon-Park kommen Puppenliebhaber auf ihre Kosten. Allerdings weniger, was das Spielen angeht, sondern eher das Staunen. Denn hier befindet sich die Privatsammlung von Elke Dröscher, die die Puppenliebhaberin in über drei Jahrzehnten aufgebaut hat. Mehr als 500 zumeist europäische Puppen aus acht Genrationen und etwa 60 Puppenstuben, -häuser, -küchen und Krämerläden, die die damaligen Wohn- und Lebenssituationen getreu wiedergeben, sind ausgestellt. Zugleich schlägt das Museum mit der Geschichte der Puppe die Brücke zur Entwicklung der Mode und den Wandel des Schönheitsideals. Untergebracht in einem repräsentativen Landhaus aus dem Jahr 1923 zeigt das Puppenmuseum

Leuchtfeuer am Elbufer

*Schon seit über hundert Jahren, genauer seit dem 1. Januar 1900, blinkt das **Leuchtfeuer Wittenbergen** in der Nähe des Falkensteiner Ufers, um Schiffen zwischen Hamburg und der Elbmündung den Weg zu weisen. Es ist einer der mehr als 40 Leuchttürme, die heute noch in der Hansestadt in Betrieb sind.*

somit auch, wie sich die Gesellschaft im Lauf der Zeit gewandelt hat.

*Grotiusweg 79, 22587 Hamburg, Tel. 040-81 05 82, www.elke-droescher.de. Di-So 11-17 Uhr, Erw. € 5, Kinder € 3. **Anfahrt:** Bus 189 Tinsdaler Kirchenweg*

Dialog im Dunkeln

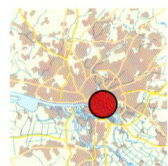

Ein Erlebnis der ganz besonderen Art ist der Dialog im Dunkeln. Wie leben unsere Mitmenschen, die nicht sehen können? Wie gestaltet sich ihr Alltag, was unterscheidet ihre Welt von unserer? In völlig abgedunkelten Räumen, in denen mithilfe von Tönen, Düften, Luftbewegungen, Texturen und Temperaturen verschiedene Umgebungen nachgebildet wurden, können Sie als Besucher, ausgestattet mit einem Blindenstock, versuchen, sich zurechtzufinden. Blinde Menschen stehen Ihnen als Guides hilfreich zur Seite, wenn Sie in einer kleinen Gruppe Alltagssituationen, wie das Überqueren einer viel befahrenen Kreuzung oder einen Markt-

> ### Theaterdialoge
> *Der Dialog mit dem Publikum – in der Regel zwischen drei und zwölf Jahre alt – steht auch beim **Fundus Theater,** das in den Räumen einer ehemaligen Kaffee- und Tabakrösterei zu Hause ist, an erster Stelle. Seit 31 Jahren werden hier eigens entwickelte Stücke, ergänzt durch Vorstellungen von mobilen Hamburger Kindertheatergruppen sowie Gastspielen von Produktionen aus dem In- und Ausland, auf die Bühne gebracht und deren Thematik in Theaterdialogen, Interviews oder interaktiven Projekten nach den Vorstellungen vertieft. Hasselbrookstr. 25, 22089 Hamburg, Tel. 040-250 72 70, www.fundustheater.de, S 1, 11 Landwehr. Erw. € 6, Kinder € 5.*

bummel, aus dieser Perspektive erleben. Gerüche, Geräusche und Temperaturen bekommen eine ganz neue Bedeutung. Zum Abschluss der Tour kehren Sie in der **Dunkelbar** auf einen Drink ein, wo es gar nicht so einfach ist, sein Glas auf dem Tisch wiederzufinden und beim Bezahlen den passenden Geldschein im Portemonnaie zu finden ...

Alter Wandrahm 4, 20457 Hamburg, Tel. 040-309 63 40, www.dialog-imdunkeln.de. Di-Fr 9-17, Sa 10-20, So 11-19 Uhr, Erw. € 19, Kinder (bis 12 J.) € 11,50, Fam. € 52.
Anfahrt: *U 1 Meßberg*

Stock statt Auge bzw. tasten statt sehen ist im Dialog die Devise

Fakten von A bis Z

Ankunft/Anreise

Anfahrt mit dem Auto

Nach Hamburg führen vier **Autobahnen:**
Die A 1 (Bremen–Lübeck), die A 7 (Nord-
Süd-Achse), die A 24 (Berlin–Hamburg)
und die A 23 (aus Richtung Heide).
Innerhalb Hamburgs sollten Sie über-
wiegend öffentliche Verkehrsmittel
(siehe S. 105) benutzen, denn das Auto-
fahren ist aufgrund des regen Verkehrs
insbesondere zu Stoßzeiten nicht zu
empfehlen. Außerdem werden in der
Innenstadt fast überall Parkgebühren
erhoben.

Anfahrt mit der Bahn

Hamburg ist ein Eisenbahnknotenpunkt,
der aus allen Himmelsrichtungen
bequem mit der Bahn erreicht werden
kann. Nationale und internationale Züge
halten auf den Bahnhöfen Hamburg-
Hauptbahnhof, Hamburg-Dammtor
(am Congress Centrum Hamburg) und
Hamburg-Altona. Die Autoreisezüge
enden alle in Hamburg-Altona.

Anreise mit dem Flugzeug

Der Flughafen Hamburg befindet sich
im Norden der Hansestadt, etwa zwölf
Kilometer vom Zentrum entfernt. Viele
nationale und internationale Fluglinien
fliegen die Hansestadt an. Günstige City-
tarife werden häufig für Flüge aus anderen deutschen Großstädten angeboten.
Der Flughafen ist gut an den Stadtkern
angebunden: vom Hauptbahnhof gelangt
man per S-Bahn (S 1 Richtung Poppenbüttel) innerhalb von 24 Minuten im
10-Minuten-Takt zum Airport. Achtung:
Achten Sie unbedingt darauf, in den

Ein Verkehrsknotenpunkt Norddeutschlands ist der Hamburger Hauptbahnhof

Freie Fahrt, vergünstigter Eintritt

Wer ein oder zwei Museen besuchen, eine Hafenrundfahrt machen und die öffentlichen Verkehrsmittel uneingeschränkt nutzen möchte, sollte eine HamburgCard erstehen. Die Karte, die viele Vergünstigungen und freie Fahrt mit dem HVV ermöglicht, git es für einen (€ 8,90), drei (€ 20,50) und fünf Tage (€ 35,90) und gilt für einen Erwachsenen und bis zu drei Kindern unter 15 Jahren Die Gruppenkarte für bis zu fünf Personen kostet € 13,90/€ 34,50/€ 59,90. Erhältlich ist die HamburgCard bei den Touristen-Informationen, an HVV-Fahrkartenautomaten, bei Busfahrern, in Reisebüros und Hotels. Vor der Reise kann man sie entweder unter Tel. 040-30 05 13 00 oder unter www.hamburg-tourism.de erwerben.

ersten drei Wagen zu fahren, denn der Zug teilt sich an der Station Ohlsdorf, wo die hintere Zughälfte nach Poppenbüttel weiterfährt.

Zwischen den beiden Terminals befindet sich außerdem ein Taxistand. Eine Fahrt in die Innenstadt kostet ca. € 20-25 und dauert etwa 30 Minuten.

Auskunft

Informationsmaterial über die Hansestadt erhalten Sie bei der Hamburg Tourismus GmbH, die es an zwei zentralen Punkten der Stadt gibt: **im Hauptbahnhof**, Ausgang Kirchenallee, Mo-Sa 8-21, So 10-18 Uhr, und **am Hafen**, St. Pauli Landungsbrücken, zwischen Brücke 4 und 5, Nov-März tgl. 10-18, Di, Do-Sa bis 19 Uhr, April-Okt tgl. 8-18, Di, Do-Sa bis 19 Uhr. Eine weitere Zweigstelle befindet sich am **Flughafen**, in der Airport Plaza, die tgl. von 6 bis 23 Uhr geöffnet ist.

Autovermietung

Am Flughafen sowie an den zentralen großen Bahnhöfen der Stadt finden Sie die internationalen Autovermietungen **Europcar**, **Sixt**, **Avis** und **Hertz.**

Busse & Bahnen

Das Hamburger Verkehrsnetz, bestehend aus U-Bahnen, S-Bahnen, Bussen sowie Regionalbahnen und Fährlinien ist sehr dicht. Drei **U-Bahn-** und sechs **S-Bahn-Linien** befahren zwischen ca. 4 Uhr morgens und 0.30 Uhr nachts das Streckennetz, das bis nach Niedersachsen und Schleswig-Holstein hineinreicht. An den Wochenenden (Fr und Sa) gibt es einen 24-Stunden-Betrieb, unter der Woche chauffieren **Nachtbusse** Kiezbummler und Nachtschwärmer nach Hause. Mit den Fähren erreichen Sie bequem die Ziele am Elbufer.

Für all diese Verkehrsmittel gelten die Tarife des **Hamburger Verkehrsverbunds (HVV)**, die nach Entfernung (Zonen) gestaffelt sind. **Fahrkarten** gibt es an den Automaten in jeder U- und S-Bahnstation, an vielen Bushaltestellen und direkt beim Busfahrer. Für Besucher der Hansestadt empfiehlt sich neben der HamburgCard (siehe Kasten S. 105) die

9-Uhr-Tageskarte, die für den Großbereich Hamburg als Einzelkarte (1 Erw. und drei Kinder zwischen sechs und 14 Jahren) € 5,50, als Gruppenkarte für max. fünf Personen € 9,60 kostet.

Camping

Obwohl Hamburgs Hotelangebot sehr breit gefächert ist, gibt es auch die Möglichkeit, unter freiem Himmel zu schlafen. In und um Hamburg finden sich einige schöne Plätze. Der Fünf-Sterne-Platz **Stover Strand** mit seinen 650 Plätzen zählt definitiv dazu. 30 Minuten von der Stadtmitte entfernt liegt er direkt vor den Toren Hamburgs [Stover Strand 10, 21423 Drage, Tel. 04177-430, www.camping-stover-strand. de]. Der **Campingplatz Großensee,** am gleichnamigen See gelegen (siehe S. 28), ist ein preiswerter und verkehrgünstig gelegener Platz mit direktem Zugang zu dem schönen Natursee [Trittauer Str. 11, 22946 Großensee, Tel. 04154-606 42, www.campingplatz-abc.de]. Mitten in Stellingen befindet sich der **Camping-**

platz Buchholz, ein kleiner, seit über 40 Jahren im Familienbesitz befindlicher Platz [Kieler Str. 374, 22525 Hamburg, Tel. 040-540 45 32, www.camping-buchholz.de]. Schöner und beliebt ist der Platz am **Falkensteiner Ufer** (siehe S. 118) im Westen der Stadt [Falkensteiner Ufer 101, 22587 Hamburg, Tel. 040-81 29 49, www.elbecamp.de].

Fahrradverleih

Wer Hamburg mit dem Fahrrad erkunden möchte, der kann besonders günstig bei der **Fahrradstation Dammtor/Rotherbaum** ein Rad ausleihen [Fahrradstation Dammtor/Rotherbaum, Schlüterstr. 11, 20146 Hamburg, Tel. 040-41 46 82 77, www.fahrradstation-hh.de. Stadtrad € 4-8 pro Tag, € 10-20 Pfand]. Wer sich spontan für ein Rad entscheidet, dem steht das Angebot von **StadtRAD** zur Verfügung: etwa 1.000 rote Fahrräder, die an Stationen an zentralen Punkten der City stehen. Hierfür müssen Sie auf www.stadtrad.de registriert sein. Die ersten 30 Minuten

Klimatabelle

	Jan	Feb	März	Apr	Mai	Juni	Juli	Aug	Sep	Okt	Nov	Dez
Lufttemperaturen/Tag (in °C)/Nacht	2	3	7	12	17	20	21	22	18	13	8	4
	-2	-2	0	3	7	10	12	12	9	6	3	-1
Sonnenschein (in Std.) täglich	1	2	3	5	7	7	7	7	5	3	2	1
Niederschlag (Tage/Monat)	18	16	13	14	14	14	17	16	15	17	18	18

Überall in Hamburg unterwegs: die roten Leihräder von StadtRAD

sind kostenfrei. Danach fallen 3-8 Cent pro Minute an (abhängig vom Tarif). Maximal kostet ein Fahrrad pro Tag € 12, Bahncard-Besitzer erhalten Rabatt. Zürückgeben können Sie die Räder an jeder Ausleihstation. Pro Person dürfen zwei Räder ausgeliehen werden. Das Pendant hierzu ist **next bike.** Hier kosten eine Stunde € 1, 24 Stunden € 6. In Hamburg stehen ca. 250 Fahrräder an knapp 30 Stationen im Stadtgebiet zur Verfügung. Auch für die Ausleihe dieser Räder müssen Sie sich registrieren: entweder unter www.next bike.de oder Tel. 030-69 20 50 46.

Fundbüro

Das **Zentrale Fundbüro der Freien und Hansestadt Hamburg** befindet sich in Altona [Bezirksamt Altona, Zentrales Fundbüro, Bahrenfelder Str. 254-260, 22765 Hamburg. Tel. 040-428 11 35 01, zentrales-fundbuero@altona.hamburg. de. Mo 9-16, Di 7-13, Mi 9-13, Do 9-13, 14.30-18, Fr 9-12 Uhr]. Als besonderen Service bietet das Fundbüro außerdem die Möglichkeit, nach Fundsachen online zu recherchieren, unabhängig von den Öffnungszeiten des Fundbüros unter: www.hamburg.de/fundbuero-online.

Medien

Die Hamburger Medienlandschaft ist breit gefächert. Wichtige regionale Tageszeitungen sind das **Hamburger Abendblatt** und die **Hamburger Morgenpost,** kurz MOPO. Die **Harburger Anzeigen und Nachrichten** sind die älteste der in Hamburg erscheinenden Tageszeitungen. Ebenfalls in Hamburg herausgegeben wird die überregionale Tageszeitung **Financial Times Deutschland** von Gruner + Jahr. Das Hamburger Straßenmagazin **Hinz&Kunzt** ist die

auflagenstärkste Straßenzeitung in
Deutschland.

Medizinische Versorgung

Eine Liste der Hamburger **Kliniken
und Krankenhäuser** finden Sie im
Internet unter http://www.kliniken.de/
kliniken/a-z/kliniken/Krankenhaeuser-
Hamburg-633.htm. Den **ärztlichen
Notfalldienst**, der eine ambulante
Versorgung rund um die Uhr anbietet,
erreichen Sie unter Tel. 040-22 80 22.
Unter www.zahnaerzte-hh.de/notdienst/
notdienst-lageplan.html finden Sie alle
diensthabenden **zahnärztlichen Not-
ärzte** in der Hansestadt. Für **nächtliche
Notfälle** gibt es einen Notdienst von 19
bis 1 Uhr im Bundeswehrkrankenhaus
[Lesserstr. 180, 22049 Hamburg].

Notrufe

Polizei: 110, Notarzt/Feuerwehr: 112,
Privatärztlicher Notdienst Hamburg
Tel. 040-192 46.
Kinderärztlicher Notfalldienst (Sa, So,
Feiertage): Hamburg-Nord (10-18 Uhr):
Asklepios Klinik Nord [Tangstedter
Landstr. 400, 22417 Hamburg, Tel. 040-
18 18 87-0]. Hamburg-Süd: Krankenhaus
Mariahilf [Stader Str. 203c, 21075 Ham-
burg, Tel. 040-79 00 60]. Hamburg-
West: Altonaer Kinderkrankenhaus
[Bleickenallee 38, 22763 Hamburg, Tel.
040-88 90 80]. Hamburg-Ost: Kinder-
krankenhaus Wilhelmstift [Liliencronstr.
130, 22149 Hamburg, Tel. 040-67 37 70].

Öffnungszeiten

Fast alle **Läden** im Zentrum der Stadt
sind Mo-Fr und meist auch Sa von 10 bis
20 Uhr geöffnet, einige schließen auch
erst um 22 Uhr. Supermärkte haben

Hamburger Rekorde

*Hamburg ist eine Spitzenstadt:
1858 wurden hier erstmals in
Deutschland Briefkästen angebracht. In der Hansestadt findet
man Deutschlands einzige
schwimmende Kirche, die Fluss-
schifferkirche. Außerdem ist in
der Speicherstadt das größte
Orientteppichlager der Welt (siehe S. 42) sowie die weltgrößte
Modelleisenbahn (siehe S. 89)
beheimatet. Und nicht zu vergessen: In Hamburg findet das
größte Schüler-Schachturnier
der Welt statt.*

in der Regel bis 20 Uhr geöffnet, viele
mittlerweile auch schon bis 22 und sogar
23 Uhr (einige Rewe-Filialen). Wer sonntags Lebensmittel einkaufen möchte, der
kann dies bei **Lidl** auf der Reeperbahn
[Reeperbahn 157, 20159 Hamburg, Mo-
Sa 7-23, Do 10-20 Uhr] (Achtung: am
Sonntagmorgen ist ein Spaziergang mit
Kindern über den Kiez nicht empfehlenswert). Über verkaufsoffene Sonntage
informiert die Website www.verkaufsof
fenesonntage.com. 2011 finden sie am
19. Juni, 25. Sep und 6. Nov statt.
Banken und Sparkassen haben meist
Mo-Fr 9-13 und 14.30-16, Do bis 18 Uhr
geöffnet.
Hamburger **Museen** öffnen ihre Pforten
meist Di-So 10-18 Uhr. Donnerstags
kann man in manchen von ihnen den
Museumsbummel sogar bis 21 Uhr
ausdehnen.
Die Öffnungszeiten der **Post** sind in der
Regel Mo-Fr 9-18.30, Sa 9-13 Uhr.

Organisierte Ausflüge

Die Hop-on-hop-off-Stadttouren in den roten und gelben **Doppeldecker-Bussen** sind eine gute Möglichkeit, sich einen Überblick über die Stadt zu verschaffen und immer da auszusteigen, wo es einem gefällt.

Täglich von 9 bis 17 Uhr bieten die **Roten Doppeldecker** eine live moderierte Stadtrundfahrt an. Die Fahrt beginnt bei den Landungsbrücken 1-2 oder in der Kirchenallee am Hauptbahnhof und dauert etwa 100 Minuten. 27 Haltestellen sind im Programm, mit der Tageskarte können Sie den ganzen Tag den Bus nutzen [Die Roten Doppeldecker GmbH, Tel. 040-30 39 36 77, www.dierotendoppeldecker.de. Erw. € 15, Kinder (bis 14 J.) in Begleitung der Eltern frei, (14-18 J.) € 10].

Hamburg on Bike ist eine weitere Möglichkeit, um die Hansestadt zu erkunden. Mit Stopps an den attraktivsten Punkten der Stadt lernen Jung und Alt die schönsten Attraktionen kennen und haben die Wahl zwischen unterschiedlichen Tourangeboten. Dauer: 3-4 Stunden. Kinderräder sind vorhanden, Familientouren nach Voranmeldung [Hamburg Radtour, Tel. 040-81 99 22 39, www.hamburg-radtour.de. Pro Person € 22 (gegen einen Aufpreis von € 8 kann das Rad bis zum nächsten Tag ausgeliehen werden)].

Unterkünfte

Hotels gibt es in Hülle und Fülle in Hamburg. Fast alle Unterkünfte haben Familienzimmer, oder Kinder übernachten kostenfrei bei den Eltern. Im Folgenden finden Sie eine Auswahl an kinderfreundlichen Hotels in Hamburg:

Hotel Atlantic Kempinski Hamburg

Direkt an der Außenalster gelegen zählt das Luxushotel zu Hamburgs Wahrzeichen und steht seit 2010 unter Denkmalschutz. „Das weiße Schloss" gehört zwar nicht zu den günstigsten Übernachtungsmöglichkeiten, hat jedoch ein Familienarrangement im Angebot: Eine Übernachtung inkl. Zustellbett für Kinder, Frühstück, Familienkarte für den Tierpark Hagenbeck (siehe S. 88), Eintritt ins Miniatur Wunderland (siehe S. 89), Nutzung des Wellnessbereichs. Kosten: 2 Erw. und 2 Kinder (bis 12 J.), De-luxe-Zimmer ab € 345/Nacht (1 Zustellbett), Juniorsuite (2 Zustellbetten) € 425/Nacht, reservierungspflichtig. *An der Alster 72-79, 20099 Hamburg, Tel. 040-288 80, www.kempinski. com/de/hamburg.*

Steigenberger Hotel Hamburg

Eine Topadresse im Herzen Hamburgs ist das Steigenberger, das auch Familienarrangements anbietet: 2 Erw., 2 Kinder (6-12 J.), 2 Übernachtungen inkl. Frühstück und Eintrittskarte für das Miniatur

Das Hotel Atlantic ist nicht nur nobel, sondern auch familienfreundlich

Wunderland ab € 486. Das Arrangement ist kontingentabhängig und reservierungspflichtig.
Heiligengeistbrücke 4, 20459 Hamburg, Tel. 040-36 80 60, www.steigenberger.com/Hamburg.

Lindner Park-Hotel Hagenbeck

Ein etwas anderes Angebot hat dieses Vier-Sterne-Hotel in unmittelbarer Tierparknähe für Großeltern parat: Zwei Übernachtungen im Familienzimmer mit Frühstück und Dinner an beiden Abenden – Drei-Gänge-Menü oder Buffet –, Eintritt in den Tierpark Hagenbeck, Picknickpaket für den Besuch des Tierparks, kostenfreie Nutzung des Wellnessbereichs kosten für zwei Erwachsene und Kinder (bis 5 J.) € 257. Für jedes Kinder zwischen 6 und 11 J. kommen zusätzliche Verpflegungskos-

In kolonialem Ambiente empfängt das Hotel Lindner seine Gäste

ten von € 50 dazu. Für Familien gibt es Zimmerrabatte nach Verfügbarkeit. Außerdem: 25 Prozent Rabatt auf den Eintrittt in den Zoo.
Hagenbeckstr. 150, 22527 Hamburg, Tel. 040-800 80 82 80, www.lindner.de/de/parkhotel_hagenbeck_hamburg.

Park Hyatt Hotel Hamburg

Mitten in der Mönckebergstraße, unweit des Rathauses (siehe S. 55), der St.-Jacobi- und der St.-Petri-Kirche (siehe S. 56, 57) befindet sich das Hyatt Hotel, das interessante Familienpauschalen anbietet. Auf VIBs (Very Important Babies) ist man dort mit Babybett, Kinderbesteck, kindersicheren Steckdosen und vielem mehr eingestellt. Mit dem „Family Plan" oder dem „Family at the Park" können Sie sogar bis zu 65 Prozent bei einem zweiten Zimmer sparen, das über eine Verbindungstür vom Elternschlafzimmer zugänglich ist (für Kinder bis 12 Jahre, kontingentabhängig). Mit dem „Awaken Package" genießen Sie mit Ihrer Familie ein Frühstück, das nach Ihren Wünschen zubereitet wird (Kinder unter 6 J. kostenlos). Reservierungspflichtig, ab € 250.
Bugenhagenstr. 8, 20095 Hamburg, Tel. 040-33 32 12 34, http://hamburg.park.hyatt.de.

Strandhotel Blankenese

Ein kleines, weißes Schlösschen direkt am Strand von Blankenese im Treppenviertel (siehe S. 62). Zwar gibt es hier keine Familienangebote, aber die Umgebung und die netten Eigentümer machen den Besuch zu einem besonderen Erlebnis. Es besteht die Möglichkeit,

Kinderhotel

Im **Engel & Bengel Kinderhotel** übernachtet der Nachwuchs zwischen 10 Monaten und 12 Jahren alleine ohne Eltern, und es ist wie Urlaub: Check-in an der Rezeption und Begrüßung mit einem Fruchtcocktail für die kleinen Gäste. Eine Übernachtung all inclusive (15 Std.) kostet € 59 pro Kind, € 40 pro Geschwisterkind. Und die Eltern? Na, die machen Hamburg unsicher. *Stellinger Weg 49a, 20255 Hamburg, Tel. 040-43 17 94 90, www.bengel-engel.de.*

sich Beachcruise-Räder zu leihen. Doppelzimmer: € 120 Nacht, je Zustellbett € 20 Aufpreis. Frühstück à la carte zwischen € 9 und 15. *Strandweg 13, 22587 Hamburg, Tel. 040-86 13 44, www.strandhotel-blankenese.de.*

Hotel am Dammtor

Eine preisgünstige Übernachtungsalternative ist dieses Hotel, das Familien mit dem Programm „Hamburger Family Affairs" zusätzlichen Spaß bietet. Das Paket gilt für zwei Erwachsene, zwei Kinder und zwei Nächte in einem Vierbett-Familienzimmer. Frühstück, HamburgCard und der Besuch des Tierparks Hagenbeck (siehe S. 88) sind inklusive. Kosten: € 369. Zeitig reservieren! *Schlüterstr. 2, 20146 Hamburg, Tel. 040-450 05 70, www.hotel-am-dammtor.de.*

Relaxa Hotel Bellevue

Etwa einen Kilometer von der City entfernt in bester Lage an der Außenalster (siehe Kasten S. 60) und Bellevue befindet sich dieses Hotel. Das Familienangebot für zwei Erwachsene und zwei Kinder beinhaltet zwei Übernachtungen mit Frühstück, HamburgCard, einem typischen Hamburger Gericht, Eintritt in den Tierpark Hagenbeck (siehe S. 88) und das Miniatur Wunderland (siehe S. 89). Und ein Erinnerungsgeschenk gibt es obendrein. Kosten: € 159/Person, ab € 42/Kind im Zimmer der Eltern. *An der Alster 14, 20099 Hamburg, Tel. 040-28 44 40, www.relaxa-hotel.de.*

Best Western Hotel

Hier wohnen Sie günstig und zentrumsnah im Drei-Sterne-Hotel. Zwei Kinder bis einschließlich zwölf Jahre schlafen kostenlos im Zimmer der Eltern, das Frühstück ist im Preis inbegriffen. Kosten: € 109/Nacht. *Hammer Landstr. 200-202, 20537 Hamburg, Tel. 040-21 04 30, www.hotel-hamburg.bestwestern.de.*

Meininger Hotel City Center

Ein brandneues und ruhig gelegenes Hotel in Altona, in dem eine ungezwungene Hostelatmosphäre herrscht. Es gibt preisgünstige Angebote für Familien: Kinder bis 12 Jahre erhalten 50 Prozent Rabatt auf Übernachtung und Frühstück, Kinder bis fünf Jahre übernachten kostenlos im Zimmer der Eltern. *Goetheallee 11, 22765 Hamburg, Tel. 040-28 46 43 88, www.meininger-hotels.com.*

Einkaufen & Mitbringsel

Hamburg ist ein Shoppingparadies, und ein Einkaufsbummel gehört definitiv zu einem Besuch der Hansestadt dazu. Neben der **Mönckebergstraße** als Haupteinkaufsstraße und den Geschäftsmeilen rund um den Jungfernstieg hat jeder Stadtteil seine eigene kleine Shoppingmeile.

Souvenirs

Was kommt einem zuerst in den Sinn, wenn man an Mitbringsel aus dem Norden denkt? Na klar, Buddelschiffe. Fast an jeder Ecke findet man diese Andenken, das wohl größte Sortiment findet sich bei **Buddel-Bini** in Eppendorf [Lokstedter Weg 68, 20251 Hamburg, Tel. 040-46 28 52, www.buddelbini. de]. Schöne Souvenirs gibt es auch bei

Art of Hamburg, dem „klitzekleinen Kaufhaus der Künstler", wie es sich selbst beschreibt. Maritime Andenken in allen Größen aus Künstlerhand können hier erworben werden [Ditmar-Koel-Str. 19, 20459 Hamburg, www.the-art-of-hamburg.de]. Die typischen dunkelblau-weiß gestreiften Fischerhemden gibt es an jeder touristisch relevanten Ecke, das größte Angebot finden Sie aber neben der Touristen-Information an den Landungsbrücken (siehe S. 37). Wenn Ihnen der Sinn nach Fanartikeln steht, dann sollten Sie entweder den Shop des **FC St. Pauli** ansteuern [auf dem Heiligengeistfeld, 20359 Hamburg, Tel. 040-519 00 91 00, www.fcstpauli-shop.de] und sich dort nach den charakteristischen Totenkopfaccessoires umsehen oder

Ein typisches Hamburg-Souvenir: die Rickmer Rickmers als Buddelschiff

beim **HSV** vorbeischauen [Schmiedestr. 2, 20095 Hamburg, Tel. 01805-47 84 78 (kostenpflichtig), www.hsv.de/shop].

Die Shoppingviertel

Winterhude ist einer der schönsten Stadtteile Hamburgs. Viele kleine und individuelle Geschäfte findet man rund um den Mühlenkamp, die Gertigstraße, die Papenhuder Straße oder am Winterhuder Marktplatz. Außerdem laden die vielen Cafés zu ausgiebigen Pausen und Schlemmereien ein. Ein schöner Kinderladen in dem Viertel ist übrigens **Kleines Erbstück** [Hofweg 59, 22085 Hamburg, Tel. 040-22 62 92 70, www.kleines erbstueck.de].

Der wohl bunteste Stadtteil ist die **Sternschanze** – mit seinem Mix an Szeneläden wohl auch der individuellste. Schlendern Sie durch die Susannenstraße, vorbei an vielen kleinen Modeläden, die zum Stöbern einladen. Anschließend geht es links ins Schulterblatt. Hier finden Sie in der Nummer 98 ein tolles Kindergeschäft mit dem Namen **Wohngeschwisterchen** [Schulterblatt 98, 20357 Hamburg, Tel. 040-83 98 06 30, www. wohngeschwisterchen.de]. Genauso bunt und individuell wie das Hauptgeschäft **Wohngeschwister** [Schanzenstr. 34-36, 20357 Hamburg, Tel. 040-63 65 75 90, www.die-wohngeschwister.de], in dem fast alles rund ums Wohnen angeboten wird, ist dieser Laden genau das Richtige für diejenigen, die ausgefallene Kleidung bis hin zu hübschen Einrichtungsgegenständen für den Nachwuchs suchen. Ein nettes Shoppingambiente herrscht auch in **Ottensen**, wo sich in der Fußgängerzone zahlreiche Läden aneinanderreihen. Ein ganz besonderer Kinder-

laden, in dem es keine Massenware gibt, ist **Vergissmeinnicht** [Ottenser Hauptstr. 44, 22765 Hamburg, Tel. 040-29 81 25 93, www.vergissmeinnicht-hamburg.de].

Exklusive Boutiquen

Edelboutiquen gibt es in Hamburg wie Sand am Meer. Von Versace über Prada bis hin zu Gucci reihen sich die Topdesigner rund um den **Gänsemarkt** (siehe S. 60), am **Neuen Wall** und in den **Hohen Bleichen.** Auch in der Mönckebergstraße findet man teure Markenlabel, zum Beispiel im schönen **Levantehaus** [Mönckebergstr. 7, 20095 Hamburg, Tel. 040-32 68 16, www.levan tehaus.com].

Große Kaufhäuser

Große Kaufhausketten wie Karstadt, Peek & Cloppenburg oder C&A befinden sich in der **Spitalerstraße** und der parallel verlaufenden **Mönckebergstraße.** Das

> ### Flohmärkte
>
> *Anders als in Berlin gibt es in Hamburg kaum regelmäßig stattfindende Flohmärkte. Die meisten haben nur ein bis zwei Termine pro Jahr, wie zum Beispiel der* **Antikmarkt** *auf Kampnagel in Winterhude. Allerdings können Schnäppchenjäger wöchentlich jeden Samstag bei der* **Flohschanze** *an der Alten Rinderschlachthalle fündig werden (Neuer Kamp 30, 20357 Hamburg). Infos zu Terminen: www.marktkultur-hamburg.de.*

bekannte **Alsterhaus**, das zum Premiumsegment von Karstadt gehört [Jungfernstieg 16-20, 20354 Hamburg, Tel. 040-35 90 10, www.alsterhaus.de]. Auf vier Etagen und insgesamt 24.000 Quadratmetern findet man alles rund um Parfüm, Accessoires, Kleidung und Feinkost. Neben den großen Kaufhäusern laden die zahlreiche **Shoppingpassagen** im Zentrum (u. a. **Europa Passage**, siehe S. 57) oder in den angrenzenden Stadtteilen ein. Hierzu zählen u. a. das **Mercado** (s. S. 54) [Ottenser Hauptstr. 10, 22765 Hamburg, Tel. 040-398 68 40, www.mercado-hh.de] oder die **Hamburger Meile** [Hamburger Str. 27, 22083 Hamburg, Tel. 040-22 69 02 10, www.hamburger-meile.com].

Spielzeug

Eins der größten Kinderparadiese ist der **LEGO Store** [Spitalerstr. 12, 20095 Hamburg, Tel. 040-40 18 59 41], in dem sich natürlich alles um die bunten Kunststoffbauklötze dreht. Bei **Pappnase & Co.** kann Ihr Nachwuchs artistisches Zubehör ergattern [Grindelallee 92, 20146 Hamburg, Tel. 040-44 97 39, www.pappnase.de], bei **Fahnenfleck** das nötige Kostüm für Halloween [Neuer Wall 57, 20354 Hamburg, Tel. 040-32 08 57 70, www.fahnenfleck.de]. Ausgesuchtes Spielzeug, Kinderzimmeraccessoires und Kinderkleidung findet man bei **KnirpsCompany** [Barmbeker Str. 177, 22299 Hamburg, Tel. 040-76 99 34 70, www.knirpscompany.de].

Kinderbücher

Die **Buchhandlung im Schanzenviertel** hat ein breites Sortiment für Kinder [Schanzenstr. 6, 20357 Hamburg, Tel.

> ### Marktzeit
> *Rund 70 Wochenmärkte finden in Hamburg statt. Den beliebtesten und außerdem Europas längsten überdachten Markt, den **Isemarkt**, können Sie dienstags und freitags besuchen (U 3 Hoheluftbrücke, Epppendorfer Baum). Ein weiterer schöner Markt befindet sich mittwochs und samstags am **Goldbekufer** (Bus 6 Semperstraße). Und der bekannteste ist wohl der **Fischmarkt** (siehe S. 34).*

040-430 08 08, www.schanzenbuch.de]. Der **KiBuLa** in Uhlenhorst hat ebenfalls eine große Auswahl an Kinderliteratur [Buchhandlung Käthe Plöger, Schenkendorfstr. 20, 22085 Hamburg, Tel. 040-220 73 58, www.kibula-hamburg.de]; internationale Kinderbücher führt **Kopper** [Kopper Internationale Kinderbücher, Heußweg 22, 20255 Hamburg, Tel. 040-64 988 21 92, www.gabikopper.de].

Kinderkleidung

Tolle Kleidung für die jüngste Zielgruppe vom Babyalter bis zu 6 Jahren gibt es bei **Poupette** [Jungfernstieg 26-28, 20354 Hamburg, Tel. 040-35 71 56 99, www.poupette.de]. Eine feste Hamburger Adresse für Edles und Schickes in Kindergrößen ist das **Petit Bateau** [Mönckebergstr. 10, 20095 Hamburg, Tel. 040-40 32 90 18 58 , www.petit-bateau.de]. Der **Lille/Stor living & loving** kleidet den Nachwuchs in verspielte und coole Mode [Schanzenstr. 97, 20357 Hamburg, Tel. 040-34 37 41, www.lille-stor.de]..

Feste & Veranstaltungen

In Hamburg wird es niemals langweilig. Einige herausragende Ereignisse wie der Hafengeburtstag, der Dom, der Hamburg Marathon und das Tennisturnier am Rothenbaum oder die Altonale sind Pflichtveranstaltungen, wenn man vor Ort ist. Nicht ganz so groß geschrieben wird hierzulande der Fasching. Allerdings gibt es genug andere Anlässe, wie zum Beispiel das Alstervergnügen oder den Christopher Street Day, um gebührend zu feiern. Im Advent locken die schönen Weihnachtsmärkte, von denen Hamburg viele zu bieten hat.

März

Hamburger Frühlingsdom
Ende März bis Ende April vergnügen sich kleine und große Touristen auf dem Heiligengeistfeld in den vielen Achterbahnen und Karussells (s. S. 48).

April

Vattenfall Lesetage
Zu einer großen achttägigen Lesebühne verwandelt sich die Hansestadt im April, wenn mehr als hundert Autoren ihre Werke präsentieren. Mit mehr als 12.000 Besuchern bei über 120 Veranstaltungen, davon mehr als die Hälfte für Kinder, sind die Lesetage ein tolle Attraktion für Jung und Alt.

Lange Nacht der Museen
Ein nächtliches Abenteuer, bei dem die Hamburger Museen ihre Türen bis 2 Uhr offen halten [www.langenachtder museen-hamburg.de. Erw. € 12, Kinder € 8 inkl. HVV-Benutzung].

April/Mai

Hamburg Marathon
Im April oder Mai findet der jährliche Marathon statt. Knapp 20.000 Läufer wagen sich an die 42 Kilometer lange Strecke durch die „schönste Stadt der Welt", wie die Hamburger ihre Heimat liebevoll nennen [www.marathon-hamburg.de].

Hafengeburtstag
Ein riesiges dreitägiges Straßenfest an den Landungsbrücken mit Musik, Imbissbuden, vielen Menschen und einer Großseglerparade auf der Elbe [www.hamburg.de/hafengeburtstag].

Japanisches Kirschblütenfest
Zur Blüte der Kirschbäume locken jedes Jahr an der Außenalster Veranstaltungen, Feiern und gastronomische Köstlichkeiten. Alle zwei Jahre wird die Kirschblütenkönigin gewählt. Und zum Abschluss schenken die japanischen

Eines von vielen Events in der Hansestadt ist der Hafengeburtstag

Bürger Hamburgs jedes Jahr ihrer Wahlheimat ein großes Feuerwerk.

Juni

Deutsches Spring- und Dressurderby

Zu diesem Anlass trifft sich im Derby-Park in Klein Flottbek alles, was Rang und Namen hat im Pferdesport. Reiter und Pferde messen sich auf dem schwierigsten Parcours der Welt um das Blaue Band [Hemmingstedter Weg 2, 22607 Hamburg, www.engarde.de].

laut und luise

In Planten un Blomen (siehe S. 49) steigt das bunte Sommerfest für Kids mit Musik, Theater, Spielen und vielen anderen Aktionen [www.kinderkinder.de].

Festival für Kids

*Ein tolles Event für Kinder ist das jährlich stattfindende internationale Musik- und Theaterfestival **KinderKinder.** Das Festival präsentiert die besten internationalen Musik- und Theaterproduktionen für den Nachwuchs. Seine Geschichte begann bereits 1987 unter dem Namen „KinderFest". Mittlerweile hat es sich als feste Größe in Hamburgs Kulturszene etabliert und verzeichnet mehr als 40.000 Besucher in ca. 60 Veranstaltungen pro Jahr. Der Startschuss für das Festival fällt immer im September mit dem **Weltkinderfest**, www.kinderkinder.de.*

Altonale

Im Juni freut sich Altona über regen Besuch. Das beliebte Straßenfest „die Altonale" zieht jährlich gut 500.000 Besucher an und präsentiert zwei Wochen lang allerlei aus Kunst, Literatur, Musik. Den krönenden Abschluss bildet jedes Jahr das Straßenfest am letzten Festivalwochenende [www.altonale.de].

Juli

German Open – Das Tennisturnier am Rothenbaum

Seit 1892 trifft sich die Weltspitze im Tennis am Hamburger Rothenbaum [Hallerstr. 89, 20149 Hamburg, http://german-open-hamburg.de].

Triathlon

Zum zehnten Mal läd die Hansestadt 2011 zum Hamburger Triathlon, bei dem sich die besten Triathleten der Welt messen und sich im Ziel auf dem Rathausmarkt feiern lassen. Und auch die Jedermänner schwimmen in der Alster, radeln an der Elbchaussee und sprinten schließlich am Rathausmarkt ins Ziel [www.hamburg-triathlon.org].

Sommerdom

Weil der Frühlingsdom (siehe S. 115) so schön war, wird er im Sommer wiederholt: Karussells und Attraktionen auf dem Heiligengeistfeld.

August

Vattenfall Cyclassics

Europas größtes Radrennen bringt im August Profis und Jedermänner in den Sattel – in und um die City [www.vattenfall-cyclassics.de].

Christopher Street Day

Schrille Parade und Demonstration für die Rechte von Schwulen und Lesben mit anschließendem Fest am Jungfernstieg [www.csd-hamburg.com].

September

Alstervergnügen

Anfang September wird rund um Hamburgs Binnenalster ausgelassen gefeiert. Das Alstervergnügen ist das größte innerstädtische Volksfest Norddeutschlands und eine der beliebtesten Veranstaltungen bei Hamburgern und Touristen. Zu den Höhepunkten zählen die Internationalen Feuerwerkfestivals am Donnerstag-, Freitag- und Samstagabend jeweils um 22 Uhr [www.hamburg.de/alstervergnuegen].

Nacht der Kirchen

Die etwa 140 christlichen Kirchen der Hansestadt öffnen von 19 bis 24 Uhr ihre Portale. 2011 unter dem Motto „Es werde Licht". Das größte ökumenische Kirchenfest des Nordens ist eine der erfolgreichsten Kulturveranstaltungen in der Hansestadt [www.ndkh.eu].

September/Oktober

Du und Deine Welt

Ein Event für die ganze Familie ist diese Verbrauchermesse, die seit 1955 in den Hamburger Messehallen stattfindet [www.duunddeineWelt.de].

Oktober

Filmfest Hamburg

Für Cineasten ein Muss: das Filmfest in Hamburg, das neben Kinoerlebnissen interessante Rahmenveranstaltungen präsentiert [www.filmfest-hamburg.de].

Da kommt keiner dran vorbei: an den Weihnachtsmärkten in Hamburg

November

Winterdom

In die dritte Runde geht der Dom (siehe S. 115) in der ungemütlichen Jahreszeit – der Stimmung tut dies jedoch keinen Abbruch.

Dezember

Weihnachtsmärkte

In der Vorweihnachtszeit kommt man um sie nicht herum – u. a. am Rathausmarkt, Gänsemarkt, auf der Fleetinsel, rund um die St.-Petri-Kirche, in Ottensen sowie in Eimsbüttel (mit einem tollen Kinderprogramm). Einige kleine Buden finden sich auch vereinzelt in den Wohnvierteln. So zum Beispiel in Winterhude am Mühlenkamp oder in St. Georg in der Langen Reihe.

Silvesterfeuerwerk

Immer wieder ein buntes und fantastisches Spektakel zum Jahreswechsel an den Landungsbrücken.

Parks & Grünanlagen

Wenn man sich vor Augen führt, dass Hamburg die zweitgrößte Stadt Deutschlands ist, könnte man meinen, es gäbe wenig Natur, kaum Parks und Grünanlagen und infolgedessen auch wenig Tiere. Falsch gelegen!

Tierparadies Alster
Barsche, Aale, Zander und Schleien lieben sie. Genauso wie Karpfen und Hechte. Schwäne fühlen sich hier zu Hause, ebenso Haubentaucher, Kanadagänse, Kormorane und Enten. Die **Außenalster** (siehe Kasten S. 60) ist Refugium und Heimat vor allem für Fische und Wasservögel, die zwischen Schilf, Binsen und Rohrkolben brüten. Weiden, Erlen und der Röhrichtstreifen bieten den Tieren außerdem einen abwechslungsreichen Lebensraum.

Hamburgs Strände
Kaum eine andere Stadt ist so geprägt vom Wasser wie Hamburg. Neben der Alster hat Hamburg den Hafen und vor allem wunderschöne Sandstrände, an denen im Sommer gebadet, gegrillt, gekickt und gesonnt wird. Am **Falkensteiner Ufer** kann man die Seele baumeln lassen, während der Nachwuchs im Sand buddelt und den vorbeischippernden Schiffsbesatzungen zuwinkt. Wer nicht ganz so weit fahren möchte, der bekommt das Urlaubsgefühl auch rund um das Szenecafé **Strandperle** in Övelgönne [Am Schulberg 2, 22605 Hamburg, Tel. 040- 880 11 12, www. strandperle-hamburg.de]. Und wem ein Seeufer lieber ist als die Elbe, der ver-

> ### Grünes aus Hamburg
> *Zwei Pflanzen wachsen nur in Hamburg und Umgebung: Wasserschierlingsfenchel und Wiebelschmiele. Die häufigste Pflanze in der Hansestadt ist die Große Brennessel, eine die selten vorkommt, die Brenndolde. Für den Schutz gefährdeter Pflanzen setzte sich die gebürtige Hamburgerin und Altkanzlergattin Loki Schmidt ein. Nach ihr wurden mehrere Pflanzen benannt, wie die Orchidee Doriella Loki Schmidt, das Fleißige Lieschen Impatiens loki-schmidtiae und sogar ein Skorpion, der Tityus lokiae.*

gnügt sich an den zahlreichen Badeseen (siehe S. 21, 28, 29) oder im **Stadtpark** (siehe S. 23).

Hamburger Parks
Hamburg wird als „grüne Stadt" bezeichnet. Kein Wunder, denn die Hansestadt verfügt über knapp einhundert Parks und Grünanlagen. Zu den größten Parks in Hamburg gehört neben dem **Stadtpark** (siehe S. 23) **Planten un Blomen** (siehe S. 49). Aber auch kleinere Grünoasen, wie der **Hirschpark** (siehe S. 64), der **Hammer Park** oder der **Altonaer Volkspark** locken kleine und große Besucher vor allem im Sommer. Schön sind auch der **Jenischpark** und das **Niendorfer Gehege**. Als ausgefallenster Park

gilt wohl der **Antoni Park** im Stadtteil St. Pauli. Er liegt als einziger in Hamburg auf dem Dach einer Schulsporthalle und misst 1.500 Quadratmeter [Kreuzung Pinnasberg/Antoni-/Bernhard-Nocht-/ St. Pauli Hafenstraße]. Seine Besonderheiten: ein fliegender Teppich, drei stählerne Palmen und ein atemberaubender Blick auf den Hafen.

Einen tollen Park hat auch der alternativ angehauchte, aber zunehmend schicker werdende Stadtteil Sternschanze zu bieten, nämlich den **Schanzenpark.** In der Mitte der etwa zwölf Hektar großen Grünanlage steht auf einem Hügel ein mächtiger **Wasserturm,** der heute ein Hotel beherbergt [Sternschanze 6, 20357 Hamburg]. Er stellt das Wahrzeichen der Sternschanze dar, ist 57,5 Meter hoch, achteckig und hat einen Durchmesser von 32 Metern. Erbaut wurde der Turm in den Jahren 1907 bis 1910.

Botanischer Garten

Der **Neue Botanische Garten** in Klein Flottbek (siehe S. 65) wurde 1979 eröffnet. Hier findet man zum Beispiel Nutzpflanzen, Mammutbäume, einen Tast- und Duftgarten und sogar einen Wüstengarten. 2011 bekam der Garten den Namenszusatz „Botanischer Garten – Loki Schmidt" nach seiner Förderin, deren Denkmal noch zu ihren Lebzeiten aufgestellt wurde. Fast wie in einer anderen Welt kommt man sich vor, wenn man das dazugehörige, allerdings sich am anderen Standort befindende Tropengewächshaus auf dem Gelände von **Planten un Blomen** (siehe S. 49) betritt [März-Okt Mo-Fr 9-16.45, Sa, So 10-17.45, Nov-Feb Mo-Fr 9-15.45, Sa, So 10-15.45 Uhr. Eintritt frei]. Ursprünglich befand sich hier auch der Botanische Garten, bis er aufgrund des Platzmangels nach Klein Flottbek umziehen musste. Das Tropengewächshaus, ein architektonisches Meisterwerk und unter Denkmalschutz, ist unterteilt in fünf tropische und subtropische Themenräume, die einen Einblick in fremde Vegtationszonen geben.

Hamburgs Central Park

Was die Berliner und New Yorker können, das können die Hamburger allemal. Die größte Parkanlage der Hansestadt ist der **Stadtpark** mit seinem See (siehe S. 23) und dem Planetarium (siehe S. 91). Mehr als 150 Hektar misst das Areal der grünen Lunge Hamburgs in Winterhude, die vor allem im Sommer voll von Besuchern ist. Schatten spendende Bäume, weitläufige Grasflächen und Spielplätze machen den Park zum Ausflugsziel für die ganze Familie. Während der warmen Monate finden Open-Air-Konzerte auf einer Freilichtbühne statt.

War einst Gartenschaugelände: der Park Planten un Blomen

Geschichte

Wie Hamburg entstand

810 n. Chr. lässt Karl der Große zwischen Bille und Alster eine Taufkirche errichten und eine Fluchtburg erbauen, die sogenannte Hammaburg. Im Jahr 831 erreicht Erzbischof Ansgar von Bremen die Hammaburg, um den Norden zu missionieren. 845 zerstören dänische Wikinger Siedlung und Burg, woraufhin

Er brachte das Christentum an die Elbe: Erzbischof Ansgar

der Erzbischof flieht. Eine neue Hammaburg wird errichtet, in deren Mitte eine kleine Kirche, etwa 200 Menschen leben hier. An der Alster entstehen ein Hafen sowie Fleete. 1035 wird unter Bischof Alebrand der Bischofsturm errichtet, etwa 25 Jahre später ensteht die Alsterburg als weltlicher Gegenpol zur bischöflichen Festung. 1111 fällt die Hammaburg – nunmehr als „Hamburg" bezeichnet – an die Schauenburger Grafen. 1189 lässt Graf Adolf III. einen ersten Damm durch die Alster bauen. Ein Mühlenteich, die heutige Außenalster (siehe Kasten S. 60), entsteht. Im gleichen Jahr bekommt der Graf einen Brief von Kaiser Barbarossa, in dem der Stadt das Privileg zugestanden wird, Waren frei von Zöllen handeln zu können (siehe Kasten rechts). Es ist der Geburtstag des Hafens, der bis dato groß gefeiert wird (siehe S. 115).

Hansestadt Hamburg

Durch den Anschluss an den mittelalterlichen Kaufmanns- und Städtebund der Hanse, eine Vereinigungen niederdeutscher Kaufleute aus etwa 200 Städten mit dem Ziel, die Handelsbeziehungen zu stärken, wird Hamburg wirtschaftlich immer attraktiver. Menschen ziehen vom Land in die Stadt, der Hafen nimmt an Bedeutung zu, und Hamburg kommt als wichtiger Warenumschlagsplatz zu Reichtum. Als Hansestadt und später „Freie und Hansestadt" (siehe S. 121) kann sich Hamburg von den konkurrierenden Hansestädten Bremen und Lübeck abheben.

(Zahlen-)Wissen

Seit 1356 feiern die Hamburger mit ihren Gästen am 24. Februar das Matthiae-Mahl. Es ist damit das weltweit älteste heute noch begangene Festmahl. 2479 Brücken zählt die Hansestadt; mehr als Amsterdam und Venedig zusammen. Etwa einhundert Konsulate gibt es hier. Hamburgs höchster Berg liegt in den Harburger Bergen und hat eine Höhe von 116,2 Metern. Der Fernsehturm hingegen misst 278 Meter. Das älteste Bauwerk der Stadt stammt aus dem 14. Jahrhundert und befindet sich auf der Nordseeinsel Neuwerk, die zu Hamburg gehört. Und man geht davon aus, dass der Brief vom 7. Mai 1189, in dem Hamburg das Privileg erhielt, Waren zollfrei zu handeln, gefälscht ist.

1290 entsteht das erste Rathaus nahe der Trostbrücke, die Handwerker sind in Zünften organisiert. Eine verheerende Cholera-Epidemie fordert 1350 viele Menschenleben, doch Hamburg rappelt sich wieder auf und kann sich Ende des 14. Jahrhunderts dank seines Handelsaufkommens als wohlhabend bezeichnen. Piraten überfallen in dieser Zeit die Schiffe der Hamburger Kaufleute. Besonders gefürchtet sind die „Vitalienbrüder" unter Gödeke Michels und Klaus Störtebeker (siehe S. 41). 1528 trägt auch in Hamburg die Reformation Früchte, die Hansestadt wird evangelisch.

17. und 18. Jahrhundert

1619 verzeichnet Hamburg etwa 40.000 Einwohner und ist damit Deutschlands größte Stadt. Sie bekommt Mitte des 17. Jahrhunderts einen geschlossenen Festungswall und übersteht auf diese Weise relativ unbeschadet den Dreißigjährigen Krieg. 1686 belagert Dänenkönig Christian V. Hamburg. Allerdings vergeblich, da der Wall seinem Heer standhält. 1712 bekommt die Hansestadt eine neue Verfassung, die die Regierungsmacht hauptsächlich in die Hände von vier Bürgermeistern und 24 Ratsherren legt. 1786 kauft sich Hamburg endgültig von den Dänen frei und erhält den Titel „Kaiserliche Freie Reichsstadt".

Hamburg im 19. Jahrhundert

1815 tritt Hamburg dem Deutschen Bund bei und erhält vier Jahre später den Zusatz „Freie und Hansestadt Hamburg". Der Große Brand wütet vom 5. bis 8. Mai 1842 mit schlimmen Folgen: mehr als eintausend zerstörte Häuser, 20.000 obdachlose Menschen, 51 Tote. Die Innenstadt muss völlig neu aufgebaut werden. Mitte des 19. Jahrhunderts ist Hamburg durch den Handel mit Amerika wieder obenauf, die Reedereien befördern Zehntausende Auswanderer nach Übersee. Ein eigenes Auswandererzentrum wird auf der Elbinsel Veddel eingerichtet (siehe S. 45). 1867 tritt die Hansestadt dem Norddeutschen Bund bei. 25 Jahre später, 1892 wütet erneut eine Cholera-Epidemie (siehe S. 52), die Tausende Tote fordert. 1897 erhält Hamburg ein neues Rathaus (siehe S. 55), der Hauptbahnhof entsteht neun Jahre später und 1911 der Flughafen (siehe Kasten S. 93). Seit 1912 fährt die U-Bahn.

Das 20. Jahrhundert und die beiden Weltkriege

Anfang des 20. Jahrhundert verändert sich das Stadtbild, Hamburg entwickelt sich zu einer modernen Großstadt. Die Mönckebergstraße verbindet das Rathaus mit dem Bahnhof, der erste Elbtunnel wird erbaut.

Der Erste Weltkrieg fordert 40.000 Tote. Gemäß dem Versailler Vertrag muss Hamburg fast die gesamte Handelsflotte abtreten. Noch schwerwiegendere Folgen hat der Zweite Weltkrieg, denn die Stadt wird durch Bomben in weiten Teilen zerstört. Fast die Hälfte der Wohnungen ist unbewohnbar, die drei Hauptkirchen St. Nikolai, St. Jacobi und St. Katharinen (siehe S. 95) liegen in Schutt und Asche, 80 Prozent der Hafenanlagen sind vernichtet. Schätzungsweise 45.000 Menschen findet den Tod, etwa 70.000 Hamburger Soldaten fallen an der Front. Am 3. Mai 1945 kapituliert Hamburg, die Briten besetzen die Stadt. Nach dem Krieg geht es an den Wiederaufbau, den die Einwohner tatkräftig unterstützen. Um 1949 werden mehrere Presseorgane gegründet, wie „Bild", „Die Zeit" und „Der Spiegel". 1957 gewinnt die SPD die Wahlen, Max Brauer wird Erster Bürgermeister.

1962 wird Hamburg erneut von einem Schicksalsschlag heimgesucht: Eine Nordseeflut schwappt die Elbe hoch, fordert 300 Menschenleben. Innensenator Helmut Schmidt, späterer Bundeskanzler, leitet als damaliger Senator der Polizeibehörde die Evakuierungsmaßnahmen. 1968 rebellieren Hamburger Studenten und gehen auf die Barrikaden gegen den Verlag Axel Springer. Zu ähnlichen Ausschreitungen kommt es in den 1980er-Jahren rund um die Hafenstraße. Der Grund ist ein Beschluss der Stadt, zwölf marode Häuser abzureißen und die Grundstücke für profitablere Zwecke zu nutzen. Die Anwohner streiken und besetzen die betroffenen Häuser. Es kommt zu Ausschreitungen, brennenden Barrikaden und Straßenschlachten. 1996 enden die Krawallen, indem die Stadt die Häuser an eine eigens zu diesem Zweck gegründete Genossenschaft verkauft.

Hamburg heute

Nach den jüngsten Bürgerschaftswahlen 2011 wird die Hansestadt, eine traditionelle Hochburg der Sozialdemokraten, nach fast fünfzehn Jahren wieder von der SPD regiert. Zuvor scheiterte die erste schwarz-grüne Koalition auf Länderebene.

Hamburg ist mit etwa 1,8 Millionen Einwohnern die zweitgrößte Stadt in Deutschland und siebtgrößte der EU. Mit jährlich mehr als 4 Millionen Gästen und mehr als 8 Millionen Übernachtungen ist sie außerdem eine der meistbesuchten deutschen Metropolen – und für ihre Bewohner ist die schönste Stadt der Welt!

Von St. Nikolai stehen heute nur noch die Außenmauern des Kirchturms

Sport

Sport wird in Hamburg großgeschrieben. Fast zu jeder Tages- und Nachtzeit sieht man Hamburger beim Joggen rund um die Außenalster (siehe Kasten S. 60), im Stadtpark (siehe S. 23) oder in Planten un Blomen (siehe S. 49) und an der Elbe. Mindestens genauso viele Menschen sind mit dem Fahrrad unterwegs. Auch einige Inlineskater trauen sich auf die Straßen, wobei diese Sportart vor dem Hintergrund des regen Verkehrs in der Hansestadt mit Kindern nicht unbedingt empfehlenswert ist.

Die Wiesen rund um die Außenalster sowie der Stadtpark und Planten un Blo-

Tragen die Raute im Herzen: die Fans des Bundesliga-Dinosauriers HSV

Hamburger Nr. 1

Hamburg ist eine Sportstadt. Dass es hier zwei Fußballvereine gibt, die in der Ersten Bundesliga kicken, das weiß jedes Kind. Aber es gibt noch mehr Sportvereine, die in der nationalen Spitze ganz oben mitmischen. Zum Beispiel die Handballer des HSV, die Freezers, die nicht nur Schlittschuh laufen, sondern auch Eishockey spielen können. Und in Buxtehude (siehe S. 68) stellen die Handballerinnen ihr Können in der Ersten Bundesliga unter Beweis. Als eines der weltbesten Ensembles gilt das Hamburg Ballett, und die Hansestadt ist zudem eine Hochburg des Hockey- und Rudersports.

men bieten genügend Platz für Federball oder Frisbee.

Dass Fußball in Hamburg eine Spitzenstellung einnimmt, liegt bei zwei Erstligavereinen auf der Hand. Ein Besuch mit Stadionführung beim HSV (siehe S. 92) oder dem 1. FC St. Pauli lassen kleine Kickerherzen ganz bestimmt höherschlagen. Derweil können die Damen eine kleine Shoppingrunde drehen.

Hallenfußball

Wer lieber selbst und dazu noch überdacht auf dem Spielfeld agiert, der kann dies zum Beispiel bei Ex-HSV Coach Frank Pagelsdorf tun. In Norderstedt befindet sich das Indoor-Soccer-Paradies, in dem Kinder zwischen acht und 16 Jahren unter Anleitung auf Kunstrasenplätzen kicken können [Fußball-Center Pagelsdorf, Aspelohe 27, 22848 Norderstedt, Tel 040-523 30 41, www.fcpagels

dorf.de]. Ein weitere Halle befindet sich in Stellingen [Soccer in Hamburg, Kieler Str. 565, 22525 Hamburg, Tel. 040-540 42 44, www.soccer-in-hamburg.de].

Golf
Hamburg bietet mit seinen mehr als 50 Plätzen in der Stadt und ihrer Umgebung viele Möglichkeiten, den Schläger zu schwingen. Für Kinder besteht oft die Möglichkeit, das Golfen kostenlos auszuprobieren. Eine Liste der Golfplätze finden Sie hier: www.hamburg-spielt-golf.de.

Kajak, Kanu und Tretboot
Wassersportgeräte wie Kajaks, Kanus und Tretboote kommen am besten auf der Alster zum Einsatz. Das macht der ganzen Familie Spaß und hält fit. Bootsverleiher finden Sie hier:
Kübis Bootshaus Küntzel, *Poßmoorweg 46, 22301 Hamburg, Tel. 040-279 64 71.*

Bootsverleih und Restaurant Gold-fisch, *Isekai 1, 20249 Hamburg, Tel. 040-41 35 75 75, www.goldfisch.de.*
Bobby Reich, *Fernsicht 2, 22301 Hamburg, Tel. 040-48 78 24, www.bobbyreich.de.*

Klettern
Es ist zwar Fakt, dass Hamburg kaum nennenswerte Erhebungen hat, doch es bieten sich dennoch etliche Möglichkeiten, zu kraxeln und zu klettern. Im **Kletterzentrum DAV** dürfen Kinder (ab 6 J.) nur in Begleitung von Erwachsenen klettern, die sichern können [Döhrnstr. 4, 22529 Hamburg, Tel. 040-60 08 88 66, www.kletterzentrum-hamburg. de]. In der **Kaifu-Lodge** steht ein Kletterfelsen bereit, und auch Kurse für Kinder werden angeboten [Bundesstr. 107, 20144 Hamburg, Tel. 040-40 12 81, www.kaifu-lodge.de].
Im **HOGA** vor den Toren Hamburgs (siehe S. 94) wird Ihr Nachwuchs zum

An schönen Tagen herrscht auf der Außenalster reichlich Bootsverkehr

Tarzan. Und auch auf Hamburger Stadtgebiet gibt es einen **Kletterwald** [Meiendorfer Weg 122-128, 22359 Hamburg, Tel. 04102-20 09 19, www.kletterwald-hamburg.de].

Wintersport

Auch wenn es kaum ein Auswärtiger glaubt, aber Wintersportler kommen hier im Norden voll auf ihre Kosten! Denn dem Skifahren sind im Snow Dome Bispingen 365 Tage im Jahr keine Grenzen gesetzt [Horstfeldweg 9, 29646 Bispingen, Tel. 05194-431 10, www.snow-dome.de].
Und wenn in kalten Wintern die Alster zufriert, wird das Schlittschuhlaufen

ganz groß geschrieben. Doch wer sich gern auf Kufen bewegt, braucht nicht auf Väterchen Frost zu warten, denn es gibt drei Eislaufbahnen:
Indoo Eisarena, *Holstenwall 30, 20355 Hamburg, www.eisarena-hamburg.de.*
Eissporthalle Farmsen, *Berner Heerweg 152, 21159 Hamburg, Tel. 040-643 32 00.*
Eishalle Stellingen, *Hagenbeckstr. 124, 22527 Hamburg, Tel. 040-54 31 52.*

Ponyreiten

Pferdesport hat in Hamburg eine lange Tradition, deshalb gibt es auch viele Möglichkeiten, sich in den Sattel zu schwingen:
Ponyhof Niendorf, *Niendorfer Gehege 50, 22459, Tel. 040-58 23 41.*
Reitstall Eichenhof, *Puckaffer Weg 14b, 22397 Hamburg, Tel. 040-607 08 66.*
Pony-Waldschänke, *Babenwischenweg 28, 22559 Hamburg, Tel. 040-81 14 54.*
Reitstall Wallert am Öjendorfer Park, *Hegenredder 30, 22117 Hamburg, Tel. 040-712 63 00.*

Kart

Mini-Schumis düsen gern auf einer Kartbahn mit speziellen Kinderkarts durch die Gegend:
Ralf Schumacher Kartl & Bowl, *Horstfeldweg 5, 29646 Bispingen, Tel. 05194-98 20 50, www.rs-kart-bowl.de.*
Einsath Speed & Fun Karting, *Nedderfeld 94, 22529 Hamburg, Tel. 040-48 00 23 23, www.kartbahn-hamburg.de.*

Verlag: COMPANIONS GmbH,
Rödingsmarkt 9, 20459 Hamburg,
Tel. 040-306 04-600,
Fax 040-306 04-690,
E-Mail: info@companions.de,
Internet: www.companions.de

Autorinnen: Natalie Domagalski,
Marta Braun
Lektorat: Ulrike Frühwald
Schlusskorrektur: Kerstin Gonsior

Titelgestaltung und Layout:
Cornelia Prott

Druck und Bindung:
DZA Druckerei zu Altenburg GmbH

Bildnachweis:
Titelfoto: plainpicture/Wein, D.
iStockphoto.com/Rolf Weschke S. 1, Carin
Behrens S. 2, 3 unten, 5, 11, 15, 58, 62, 103,
Miniatur Wunderland Hamburg GmbH S. 3
oben, 87, 89, shutterstock.com/Shestakoff
S. 6, panthermedia.net/Achim Glatz S. 9, 33,
Jerzy-Sawluk/pixelio.de S. 12, iStockphoto.
com/Alexey Kryuchkov S. 17, iStockphoto.
com/Shelly Au S. 18, Marzanna Syncerz/
Fotolia.com S. 19, Aquarella S. 20, Yvonne
Bogdanski/Fotolia.com S. 21, Bäderland
Hamburg GmbH S. 22, 23, 24, 25, 30, 31, Pho-
toDisc S. 26, 27, Rubberball S. 28, NSfotogyrl/
Fotolia.com S. 29, Salztherme Lüneburg S.
32, klaas-hartz/pixelio.de S. 34, panthermedia.
net/Michael R S. 36, panthermedia.net/Carl-
Jürgen Bautsch S. 37, Bernd-Sterzl/pixelio.
de S. 38, 39, 40, 41, 43, 44, 46, 61, 63, Rike/
pixelio.de S. 42, 55, 122, BallinStadt S. 45, pan-
thermedia.net/Daniel Bolloff S. 49, Beatlemania Hamburg S. 50, Hafenbasar S. 51, Cekora/
pixelio.de S. 53, Elissavet Patrikiou S. 54, P.-
Kirchhoff/pixelio.de S. 57, Cekora/pixelio.de
S. 59, BildPix.de/Fotolia.com S. 60, Witthüs
S. 65, panthermedia.net/Michael Bücker S.
66, Uwe-Jens-Kahl/pixelio.de S. 67, panther-
media.net/Ingeborg Knol S. 68, Jan-von-
Bröckel/pixelio.de S. 70, 71, Anne-Bermüller/
pixelio.de S. 72, Jörg-Klemme/pixelio.de S. 75,
Cactuspetes-SN/pixelio.de S. 77, Männe/pixe-
lio.de S. 78, Thorben-Wengert/pixelio.de S.
81, Anne Sauer S. 82, 83, 84, Uwe Dillenberg/
Tierpark Hagenbeck S. 88, Kl!ck Kindermuseum S. 90, Marco-Barnebeck/pixelio.de S.
91, Panoptikum S. 92 oben, HSV Museum S.
92 unten, Hamburg Airport/M.Penner S. 93,
HOGA-Hochseilgarten S. 94, panthermedia.
net/Matthias Krüttgen S. 95, Rabazz S. 96,
Hamburg Dungeon S. 97, Cap San Diego S.
98, Freilichtmuseum Kiekeberg S. 99, Wildpark Schwarze Berge S. 100, Puppenmuseum
Falkenstein S. 101, Dialog im Dunkeln S.
102, Peter-von-Bechen/pixelio.de S. 104, DB
Rent GmbH S. 107, Starpics/Fotolia.com S.
109, Hotel Lindner S. 110, panthermedia.
net/Monika Schüll S. 112, www.mediaserver.
hamburg.de/C. Spahrbier S. 115, 119, Weimar/
Fotolia.com S. 117, panthermedia.net/Jens
Stammerjohann S. 120, panthermedia.net/
Frank Wellbrock S. 123, panthermedia.net/
Carl-Jürgen Bautsch S. 124
Karte: Karthographiebüro Jochen Fischer

ISBN: 978-3-89740-665-0